Horst Daute

Bonsai

Pflege und Anzucht
japanischer Zwergbäume

Zehnte Auflage

BLV Garten- und Blumenpraxis

Die Deutsche Bibliothek –
CIP-Einheitsaufnahme

Daute, Horst:
Bonsai: Pflege und Anzucht japanischer
Zwergbäume / Horst Daute. – 10. Aufl. –
München; Wien; Zürich: BLV, 1994
    (BLV Garten- und Blumenpraxis; 304)
    ISBN 3-405-12167-1
NE: GT

Grafik: Barbara von Damnitz

Fotos: Wilhelm Eisenreich
(Seite 21, 76 rechts, 113 vom Autor)

Die Aufnahmen entstanden bei
JAPI, Japan Pflanzen Importe, Hannover,
sowie im BONSAI-ZENTRUM, München.
Wir danken den Firmen für ihre
freundliche Unterstützung.

BLV Verlagsgesellschaft mbH,
München Wien Zürich
80797 München

BLV Garten- und Blumenpraxis 304

© BLV Verlagsgesellschaft mbH,
München 1994

Gesamtherstellung: R. Oldenbourg,
München

Gedruckt auf chlorfrei gebleichtem Papier

Printed in Germany · ISBN 3-405-12167-1

Inhalt

Einführung

Das Wort Bonsai wurde in Deutschland etwa Mitte der siebziger Jahre allmählich zu einem Begriff, als die Öffentlichkeit auf die Bonsai aufmerksam wurde, die vereinzelt in den Blumengeschäften und Pflanzencentern wagemutiger Einzelhändler standen. Diese Einzelstücke kamen zumeist aus den Niederlanden, wo das Hobby Bonsai – ähnlich wie in England und Amerika – schon seit vielen Jahren mehr und mehr Freunde gefunden hatte. Leider hatten diese ersten aller deutschen Bonsai nur eine geringe Lebenserwartung, denn über die elementarsten Regeln der Pflege dieser fernöstlichen »Krüppelbäume« konnten auch Fachleute in den Ladengeschäften meist nur vage Andeutungen machen. So manche Floristin mag sich wohl vergeblich um das Wohl ihres kleinen Schützlings bemüht haben, der zwar von allen Kunden mit viel Hingabe und Entzücken betrachtet wurde, dann aber doch wegen Sauerstoffmangels in irgendeiner finsteren Ladenecke dahingeschieden ist. Nach solchen oder ähnlichen Erlebnissen waren Händler und Kunden natürlich mit Recht verunsichert, hatten sie doch eine schöne Stange Geld für ihren Bonsai ausgegeben.

Zu allem Überfluß erschienen dann in allen möglichen Zeitschriften in regelmäßigen Abständen Sensationsartikel, die die Sache Bonsai zwar weiter bekannt machten, ihr dabei aber keinen guten Dienst erwiesen haben, da gewöhnlich absolut falsche Informationen verbreitet wurden. 1976 erschien dann endlich bei der BLV Verlagsgesellschaft die deutsche Bearbeitung eines japanischen Fachbuches, das für jeden Bonsai-Freund wegen seiner Informationsfülle und Übersichtlichkeit unerläßlich sein muß. Inzwischen aber ist auch in Deutschland auf dem Sektor Bonsai einiges geschehen. Es gibt praktische Erfahrungen im Umgang mit der Importware aus Japan, detaillierte Erkenntnisse und so manchen wichtigen Tip, der nicht wie in anderen Büchern mehr oder weniger auf japanische Verhältnisse bezogen ist. Dieses Buch soll zunächst einmal den Anfänger mit dem Gedanken vertraut machen, der hinter der Sache Bonsai an sich steht, und es ihm dann ermöglichen, dem natürlichen Verlangen der Pflanze entsprechend und auch in künstlerischer Hinsicht seinen Bonsai zu einem kleinen Meisterstück werden zu lassen.

Dreispitzahorn *(Acer buergerianum)*, ca. 10 Jahre alt. Glasiertes, ovales Gefäß 30 × 40 cm, Gesamthöhe 55 cm.

Was ist Bonsai?

Das Wort Bonsai entstammt dem Japanischen und bedeutet frei übersetzt »Baum im Topf«. Im Sprachgebrauch bezeichnet es für uns sowohl das lebende Kunstwerk an sich, als auch die Beschäftigung mit ihm, also die Kunst, Bonsai zu gestalten. Die Mehrzahl von Bonsai ist auch Bonsai; die Betonung beim Aussprechen des Wortes liegt auf der zweiten Silbe, wobei das »o« sehr weit hinten im Rachenraum artikuliert werden sollte, wenn man es ganz richtig machen will.

Das Prinzip Bonsai

Das Prinzip von Bonsai besteht darin, daß bestimmte Baum- und Buscharten, die zwergwüchsig sein können, es aber nicht zwangsläufig sein müssen, in kleinen, meist flachen Schalen unter Zuhilfenahme regelmäßigen Beschneidens über einen Zeitraum von vielen Jahren allmählich in eine bestimmte Form gezogen werden. Im Idealfall bildet die Pflanze mit der dazugehörigen Schale eine optische und biologi-

Igelwacholder *(Juniperus rigida)*, ca. 40 Jahre alt. Keramikgefäß 47 × 33 cm. Gesamthöhe 80 cm.

sche Einheit. Ein Bonsai zeigt dem Betrachter das Bild eines meist sehr alten, knorrigen, naturgewachsenen Baumes, beziehungsweise das einer Baumgruppe oder eines kleinen Wäldchens.

Bonsai-Gefäße

Das geringe Wachstum der Pflanzen ist in erster Linie durch den kleinen Topf begründet, der dem natürlichen Wurzelwachstum eine Grenze setzt und damit dann auch die normale, auf ein zügiges Wachstum ausgerichtete Nahrungszufuhr beschränkt. Dieses Phänomen ist in der Natur bei Gehölzen zu beobachten, die auf felsigen Böden oder an Berghängen in Felsspalten ein kärgliches Dasein fristen und nach Jahrzehnten oft erst kniehoch geworden sind.

Beschneiden

Eine weitere wichtige Maßnahme bei der Bonsai-Zucht besteht im regelmäßigen Beschneiden der Zweige und Triebe, wodurch einerseits ein hemmender Effekt auf das Wurzelwachstum ausgeübt und gleichzeitig eine feinere Verzweigung erreicht wird. Dennoch müssen die Wurzeln im Abstand von einem oder mehreren Jahren ebenfalls beschnitten werden.

Erdzusammensetzung

Schließlich muß aber alles Hand in Hand gehen mit der Verwendung einer speziellen Erdzusammensetzung für die verschiedenen Baumarten, denn der richtige Boden soll ebenfalls das ober- und unterirdische Wachstum hemmend beeinflussen.

Letzten Endes üben Sonne und Wind einen nicht uninteressanten Nebeneffekt aus, und zwar insofern, als beide dazu beitragen, daß der Wasservorrat des Erdsubstrates schneller verringert wird – was natürlich nicht soweit gehen darf, daß die Pflanze welkt und eingeht.

Bonsai sind keine Verkrüppelungen

Wie man sieht, bedarf es einer ganzen Reihe von Maßnahmen, um schließlich den gewünschten Effekt zu erzielen. Erst alle zusammen und in der richtigen Weise aufeinander abgestimmt, machen das Wunder Bonsai möglich. Nur so kann jeder Bonsai, mag er auch noch so alt und knorrig aussehen, genauso gesund und kräftig sein, wie seine natürlichen Vorbilder auch. Die harmonische Durchformung des Stammes und der Äste, vor allem aber auch das frische und üppige Aussehen des Laubes soll bei einem guten Bonsai den Ausdruck von Gesundheit und Lebenskraft betonen. Die östliche Bonsai-Idee und das, was unser Kulturkreis heutzutage daraus macht, haben sicherlich sehr wenig mit dem Gedanken der mächtigen und stets kraftstrotzenden

deutschen Eiche zu tun; dennoch sollten wir so tolerant sein, einen mit der Akribie eines Goldschmiedes gezogenen japanischen Bonsai nicht schlichtweg und spontan als »Krüppelkiefer« abzutun, wie das leider allzu oft geschieht, wenn man etwas Neuartiges sieht und es nicht gleich verstehen kann. Denken wir nur einmal daran, daß auch das Beschneiden der Obstbäume oder ganz einfach das Rasenmähen durchaus keine widernatürliche und grausame Verkrüppelung sind.

Bonsai einst und jetzt

Fast ein Jahrtausend ist wohl vergangen, seit das erste handschriftliche Zeugnis von der Existenz bonsai-ähnlich gezogener Bäume im alten China geschaffen wurde. Auf manchen Dokumenten finden sich Zeichnungen von kleinen, in Vasen gehaltenen Bonsai. Zu jener Zeit durften nur der Adel und bestimmte kirchliche Persönlichkeiten um das Geheimnis der Bonsai-Zucht wissen, das von Generation zu Generation nur an Auserwählte weitergegeben wurde.

Religion und Weltanschauung

Bonsai muß als eng zusammenhängend mit den ursprünglichen Religionen des Ostens verstanden werden, die den Menschen in einem sehr viel engeren, harmonischen Verhältnis zur Natur gesehen haben, als wir es heute verstehen. Der Mensch verehrte die Natur und sah sich selbst als einen Bestandteil unter allen Kreaturen. Eine besondere Rolle hat dabei die Betrachtung der Bäume gespielt, in deren Statur man eine Art von Bindeglied zum Himmel sah, und in deren Form sehr nuancenreich menschliche Gefühle und Regungen wiederempfunden werden konnten. Darüber später mehr.

Von China ist das Geheimnis der Bonsai-Anzucht dann irgendwann nach Japan gelangt, wo es auf sehr fruchtbaren Boden fiel und die entscheidenden Weiterentwicklungen erlebt hat. Auch hier waren es Mönche und Kaiser, die sich Bonsai in ihren verschlossenen Gärten heranzogen. Allmählich, im Laufe von Jahrhunderten, erhielt die Bonsai-Idee dann auch eine Bedeutung für breitere Bevölkerungsschichten. In den sehr schlicht und einfach gehaltenen, typisch japanischen Häusern und Hütten hatte der Bonsai, in seiner Bedeutung dem Ikebana sehr nahestehend, seinen bestimmten Platz – vor einer einfachen Wand stehend, die den Blick des Betrachters nicht von den eigenen Dimensionen und der natürlichen Schönheit des Bonsai ablenken kann. Um ein noch besseres Verständnis für den Sinn von Bonsai in Japan bekommen zu können, muß man näm-

lich wissen, daß es größere Fenster in diesen Häusern nie gegeben hat; ihren Zweck erfüllten große, halbtransparente Papiertrennwände. Die umgebende Landschaft, die »natürliche«, ungeformte Natur, wurde dem ständigen Anblick entzogen.

Ein Bonsai dagegen ist soviel wie ein Stück konzentrierter Natur, er dient vielen Japanern auch heute noch als Meditationsobjekt. Die Kunst der Bonsai-Zucht besteht also zu einem Großteil darin, das Charakteristische einer bestimmten Baumart oder immer wiederkehrenden Wuchsform zu erkennen und ebendies in sowohl stilisierter, als auch konzentrierter Form an einer wesentlich kleineren Pflanze herauszuarbeiten.

Heutzutage werden in dem traditionellen Bonsai-Land Japan auf den Balkons und Dachgärten der Großstädte von immer mehr Menschen Bonsai im Sinne einer reinen Freizeitbeschäftigung gezogen.

Bonsai in der westlichen Welt

Bonsai hat sich, das läßt sich jetzt bereits sagen, als Hobby auch in Westeuropa seinen festen Platz erobert. Gerade in Großstadtgebieten, in denen das Leben immer unpersönlicher und die Möglichkeit, eine befriedigende Arbeitsstelle zu finden, immer hoffnungsloser wird,

Grundlagen und Ursprünge

wächst das Bedürfnis nach einer sinnvollen Freizeitbeschäftigung und festen Werten. Das Wort vom »Grünen Trend« ist deshalb, auch im Zuge einer allgemeinen Nostalgiewelle, nicht umsonst entstanden. Bonsai nehmen natürlich entgegen normalen Topfpflanzen einen besonderen Stellenwert ein, als sie ja ganz und gar nicht als Wegwerfobjekt gedacht sind. Gerade die Vorstellung, sich über viele Jahre oder Jahrzehnte hinweg mit einem lebenden Kleinkunstwerk beschäftigen zu können, um ihm im Laufe der Zeit eine eigene Form zu geben, um es dann vielleicht eines Tages, wie es schon ewig in Japan geschehen

ist, den folgenden Generationen übergeben zu dürfen, macht wohl täglich mehr und mehr Menschen zu Bonsai-Freunden. Die sinnvolle Beschäftigung mit dem neuartigen Hobby bringt ihnen in ihrer Freizeit Spaß, Selbstbestätigung und einen gewissen Ausgleich im Streß der Arbeitswelt.

Was gilt als wertbestimmend?

Wie es bei einer so alten Kunst nicht anders zu erwarten ist, hat sich im Laufe vieler Jahrhunderte ein festes Regelsystem herausgebildet, das eine Beurteilung über einen Bonsai zuläßt, indem es nämlich danach fragt, ob und wie schön das betreffende Stück in seinen Einzelbestandteilen und im Gesamtbild herausgearbeitet ist. Eine Anzahl dieser Bewertungsmaßstäbe ist so konservativ und ohne jeden Bezug zu unserem heutigen Harmonie- und Schönheitsempfinden, daß wir diese mit ruhigem Gewissen vergessen können. Die übrigen Regeln aber entspringen tatsächlich einer vernünftigen Betrachtungsweise und können als sehr nützlich angesehen werden:

Wurzeln
Die oberirdisch wachsenden Teile der Wurzeln können das Alter eines Bonsai entscheidend betonen. Die Wurzelansätze sollten möglichst dick und kräftig sein und gleichmäßig in alle Richtungen wachsend in die Erde greifen.

Fächerahorn *(Acer palmatum)*, ca. 15 Jahre alt. Runde Keramikschale 24 cm. Gesamthöhe 35 cm.

Grundlagen und Ursprünge

Stamm

Umfang und Ausformung des Stammes beeinflussen am eindrucksvollsten das Gesamtbild eines Baumes. Der Stamm sollte an seinem Fuße besonders dick sein und sich nach oben hin allmählich verjüngen. Seine Windungen und seine ganze Form sollen in ihrem Charakter dem eines naturgewachsenen, alten Baumes nahekommen, müssen auf jeden Fall aber harmonisch und ausgewogen erscheinen.

Rinde

Die Rinde des Stammes und der Äste wird bei bestimmten Baumarten schon nach wenigen Jahren knorrig und borkenartig und läßt so den Eindruck eines hochbetagten Baumes entstehen. Einige Laubbaumarten dagegen werden wegen ihrer besonders feinen und ebenmäßigen Rinde geschätzt.

Äste und Zweige

Jeder Bonsai hat seine »Schokoladenseite«, von der er sich im Hinblick auf die Ausformung seiner Äste, des Stammes und der Krone einem Betrachter am überzeugendsten darbietet. Die stärksten und längsten Äste sollen dabei zu den Seiten rechts und links des Stammes wachsen, während kleinere und dünnere im wesentlichen die Vorder- und Rückseite ausfüllen können. In manchen Fällen bildet man an der Rückseite noch einige etwas längere Äste heraus, um den Eindruck einer größeren Tiefe zu erreichen. Im ganzen gesehen muß ein Bonsai eine Vielzahl unterschiedlicher Äste und Zweige besitzen, wobei die Längen und Stärken harmonisch angeordnet und aufeinander abgestimmt sein müssen.

Laub

Grundsätzlich sollen Nadeln und Blätter dicht wachsen und eine gesunde und kräftige Blattfarbe besitzen. Pflanzen mit besonders kleinen Blättern sind anderen vorzuziehen.

Moos

Die Erdoberfläche eines Bonsai wird im Laufe der Zeit von ganz alleine eine Moosdecke bekommen, die sehr schön den Eindruck eines Rasenteppichs erzeugen kann. Die Moosart muß natürlich fein und dicht im Wuchs sein.

Gefäß

Das Bonsai-Gefäß muß in seiner Größe, Form, Farbe und Oberflächenstruktur sorgfältig auf die darin wachsende Pflanze abgestimmt sein.

Jeder Bestandteil dieses Kataloges ist das Ergebnis genauer Beobachtungen in der Natur; viel Sachverstand und künstlerisches Einfühlungsvermögen dazu ermöglichen schließlich ein erfolgreiches Hinarbeiten auf einen durch Harmonie und eine gewisse Stabilität geprägten Gesamteindruck.

Ein Vergleich zu natürlichen Vorbildern

Ein ernsthafter und interessierter Bonsai-Gärtner – das hat sich in den vorigen Absätzen gezeigt – muß bei seinen formenden Arbeiten bis ins kleinste Detail vorgehen. Bei allen Bemühungen um ein möglichst genaues Abbild der Natur darf er aber nie vergessen, daß ein fertiger Bonsai – ganz objektiv betrachtet – in jedem Fall die Natur in ihrer Ausgeprägtheit übertreffen muß, indem er nämlich ein Konzentrat der charakteristischen Äußerlichkeiten einer Baumart darstellt. Sehr selten nur werden wir in unserer natürlichen Umwelt einen Baum finden können, der alle die Merkmale auf einmal besitzt, die bei der Beobachtung sehr vieler einzelner Pflanzen->>Individuen« einer Art als dafür typisch herausgestrichen werden können.

In diesem Zusammenhang muß gesagt werden, daß auch das Alter eines Bonsai oft nur schwer zu bestimmen ist. Ein wenige Jahre alter Baum kann durch einen relativ dikken Stamm und eine buschige Baumkrone durchaus den Aussagecharakter eines um viele Jahre älteren naturgewachsenen Vorbildes besitzen. Das lebende Kunstwerk Bonsai hat also stets nicht nur ein Alter, nämlich sein wirkliches, sondern zeigt in der Erscheinung auch noch das des Baumes, den es darzustellen vermag.

Die Entstehungszeit eines Bonsai

Wenn Sie im Fachhandel einen Bonsai erstehen, wird dieser mindestens 4–5 Jahre alt sein. Er hat bis dahin seine grundlegende Form erhalten und ist in diesem Sinn ein fertiger Bonsai. Der japanische Gärtner hat Ihnen bis dahin eine ganze Menge Arbeiten, wie z.B. die komplizierte und risikoreiche Vermehrung der Pflanzen, abgenommen; er hat eventuell eine Veredelung vorgenommen, er hat die Pflanze regelmäßig beschnitten und umgetopft und schließlich den eigentlich künstlerischen Teil der Arbeit geleistet: die Festlegung der Form.

Der Pflegeaufwand?

Das mindeste, was jetzt noch an regelmäßigen Arbeiten auszuführen ist, erscheint vergleichsweise gering: etwa alle 2 Tage Gießen, ein- oder mehrmals im Jahr ein Beschneiden des Laubes, ein- bis zweimal im Jahr Düngen, alle 2–4 Jahre das Umtopfen mit einem Wurzelschnitt und schließlich die mögliche Anwendung von Drähten oder Fäden, was auch höchstens jährlich nötig werden sollte.

Der grundlegende Arbeitsaufwand ist also verhältnismäßig gering; dabei gewinnt aber ein Bonsai im Laufe der Jahre beständig an Schönheit und Wert, und zwar um so mehr, je intensiver Sie sich mit ihm beschäftigen. Nehmen Sie sich

Grundlagen und Ursprünge

regelmäßig ein wenig Zeit und verfolgen Sie gespannt das Reifen der Blattknospen im zeitigen Frühjahr, freuen Sie sich über die ersten Lebenszeichen – die ersten zarten Blätter nach einem langen Winter; geben Sie im Laufe der Jahre der Baumkrone, ihren Ästen und dem Stamm allmählich selbst die Form, die Sie am meisten anspricht, beobachten Sie schließlich am Ende eines jeden Jahres das unglaubliche Farbenspiel der winzigen Blätter.

Eine Anregung – das Lebensbuch

Legen Sie doch ein kleines Lebensbuch für Ihren Bonsai an, in das Sie alle seine Daten und Besonderheiten, alle Krankheiten und Kulturmaßnahmen mit Zeitangaben eintragen und die Notizen eventuell noch regelmäßig durch entsprechende Fotos ergänzen. Im Laufe der Jahre erhalten Sie dann ein eindrucksvolles Dokument der Entwicklung Ihres Bonsai. Vielleicht danken es Ihnen Ihre Enkel und Urenkel einst bei der ehrenvollen Übergabe des Familien-Bonsai – wie es in Japan schon seit Jahrhunderten eine Tradition ist.

Bonsai-geeignete Pflanzen

Grundsätzlich ließen sich natürlich fast alle höheren Pflanzen nach dem Bonsai-Prinzip kultivieren, indem nämlich einfach ihrer normalen Wurzelentwicklung durch einen kleinen Topf eine Beschränkung gesetzt würde. Über kurz oder lang müßte das Größenwachstum dann abnehmen, die Blätter blieben kleiner und so fort.

Bedingungen

Tatsächlich geeignet sind aber nur eine Reihe echter Gehölze, die die nötigen Voraussetzungen für Bonsai mitbringen. So sollte beispielsweise die ausgewählte Baumart möglichst bald einen dicken und verholzenden Stamm herausbilden. Die Blätter oder Nadeln müssen von Natur aus schon so klein sein, daß der spätere Bonsai einen überzeugenden Eindruck machen kann. Die Wurzeln sollten deutlich sichtbare, dicke Ansätze herausbilden können und dürfen nicht außergewöhnlich empfindlich gegen ein regelmäßiges, aber fachgerechtes Zurückschneiden sein.

Zwergwüchsige Gehölze

Eventuell zu erwartende Blüten oder Früchte dürfen verständlicherweise nicht so groß sein, daß sie den Gesamteindruck des Bonsai negativ beeinflußen könnten. Wir dürfen zwar damit rechnen, daß sie

Igelwacholder *(Juniperus rigida)*, ca. 45 Jahre alt. Keramikgefäß 53 × 36 cm. Gesamthöhe 110 cm.

Grundlagen und Ursprünge

auf Grund der Kultivierung in einer kleinen und flachen Schale – ähnlich wie die Blätter – ein wenig von ihrer natürlichen Größe verlieren werden, dennoch sollten Sie bei der Auswahl der Pflanzen lieber auf mögliche Zwergformen der betreffenden Familie zurückgreifen. Wohlgemerkt: die erfolgversprechendsten Bonsai-Pflanzen müssen nicht zwangsläufig auch zwergwüchsige Gewächse sein, und umgekehrt müssen nicht alle diese zwergwüchsigen besonders zur Bonsai-Kultur geeignet sein.

Da Bonsai ja, wie schon erwähnt, seine fruchbarste Entwicklung in Japan erlebt hat, finden wir natürlich unter der Vielfalt der traditionell für Bonsai verwendeten Gehölzarten in erster Linie solche, die in der japanischen Landschaft besonders häufig zur natürlichen Vegetation gehören und deshalb ihren festen Platz innerhalb von Kultur und Mythologie gefunden haben.

Die beliebtesten Bonsai-Pflanzen

Einzelheiten finden sich ab Seite 48.

Nadelbäume
Blaue Mädchenkiefer,
   Pinus pentaphylla
Schwarzkiefer, *Pinus thunbergii*
Chinesischer Wacholder,
   Juniperus chinensis

Laubbäume
Fächerahorn, *Acer palmatum*
Dreispitzahorn,
   Acer buergerianum
Japanische Ulmen, *Zelkova*
Japanische Buchen,
   Fagus und *Carpinus*

Blühende und Früchtetragende
Japanische Azaleen,
   Azalea japonica
Japanische Kirsche,
   Prunus donarium
Felsenmispel,
   Cotoneaster horizontalis
Feuerdorn,
   Pyracantha angustifolia

Mit Sicherheit sind eine sehr große Anzahl der bei uns heimischen Gehölze ebensogut für Bonsai geeignet wie traditionelle Pflanzen. Es fehlt lediglich noch ein wenig Erfahrung bei deutschen Bonsai-Freunden, beispielsweise hinsichtlich der jeweils adäquaten Erdzusammensetzung.

Von den in Japan beheimateten vielen tausend Pflanzenarten gehören rund 40% zu den Gehölzen. 80% von diesen sind bonsai-geeignete Pflanzen. Wenn Japan auch auf Grund der klimatischen Gegebenheiten einen besonderen botanischen Reichtum birgt, gibt es doch Grund zur Hoffnung auf eine sinnvolle Weiterentwicklung für das Hobby Bonsai auch in Deutschland.

Ausgraben in der Natur

In der frühesten Geschichte von Bonsai waren es im wesentlichen in der Natur gefundene Pflanzen, die ausgegraben und dann »weiterverarbeitet« wurden. Diese Methode ist vielleicht die erfolgversprechendste; viele der schönsten und berühmtesten alten Bonsai sind mit einiger Sicherheit so entstanden. Das Prinzip besteht darin, daß Gehölze, die bereits viele Jahre alt sein können und in ihrer Gestalt und Größe möglicherweise schon bonsai-ähnlich sind, mit einem genügend großen Wurzelballen ausgehoben und dann eingetopft werden. Die optimalen Bedingungen für das Entstehen solcher »Krüppelexistenzen« in der freien Natur finden sich meist in gebirgigen Gebieten auf felsigen Böden, wo den Pflanzen oft nur Mulden oder Felsspalten zur Wurzelentwicklung bleiben, wo Sturm und Wind mit ihren mikroskopisch kleinen Sand- und Eispartikelchen frische Blattknospen einfach wegschmirgeln und wo vielleicht noch alljährlich durch Wildverbiß die Spitzen der saftigen Triebe abgeweidet werden.

Gehen Sie planmäßig vor

Wenn Sie die erfolgversprechende Pflanze einmal gefunden haben, beginnt der eigentliche Teil der Arbeit. Merken Sie sich auf jeden Fall genau, an welcher Stelle Ihr »Superexemplar« wiederzufinden ist. Zunächst muß der Besitzer des betreffenden Landstriches um die Erlaubnis zum Ausgraben und Entfernen der Pflanze gebeten werden. Vielleicht erleichtern Sie ihm seine Entscheidung, wenn Sie versprechen, ebendort eine andere, junge Baumschulpflanze einzusetzen.

Wenn auch gewisse Unterschiede im Hinblick auf die jeweilige Pflanzenart bestehen, so läßt sich doch sagen, daß die beste Zeit zum Ausgraben das zeitige Frühjahr ist, wenn sich die Blattknospen noch nicht zu weit entwickelt haben. Zu dieser Zeit haben die Pflanzen noch keine neuen Wurzeln getrieben, und in den vorhandenen ist wenig Leben, so daß sich der Baum in den nächsten Wochen allmählich erholen kann.

Der Vorgang des Ausgrabens

Zunächst entfernen Sie alle Gräser um den Stamm herum. Dann betrachten Sie den Baum in seinem Gesamtbild und beschneiden oder entfernen alle die Äste, die zu lang oder sogar überflüssig sind. Auf keinen Fall darf man jetzt mit roher Gewalt das Bäumchen am Stamm fassen und einfach herausreißen. Dabei würde der Stamm beschädigt, die Wurzeln würden zerreißen und die lebensnotwendige Erde von den Wurzeln geschüttelt. Am besten zeichnen Sie um den Stamm herum einen Kreis mit dem Durchmesser der halben Baumkrone auf. Dieses Maß kann natürlich nur ein

Anzucht und Pflege

Rund um den Baum wird ein Graben ausgehoben.

Anhaltspunkt sein. Wenn der Stamm besonders dick und die Wurzelansätze sehr kräftig sind, muß der Durchmesser eben entsprechend größer gewählt werden. Entlang der Linie hebt man nun mit einer kleinen Schaufel einen schmalen Graben aus. Wann immer man auf Wurzeln stößt, durchtrennt man diese mit einem Messer oder einer scharfen Zange. Wenn der Graben etwa die Tiefe entsprechend dem Kreisdurchmesser erreicht hat, beginnt man sich langsam nach innen vorzuarbeiten. Schließlich wird die dicke Hauptwurzel durchtrennt. Nun kann der Baum herausgenommen werden. Alle Wurzeln, die noch aus dem Ballen hervorstehen, sollten

sauber abgeschnitten werden. Dann wickelt man den Ballen mit Zeitungspapier ein und umhüllt das Ganze fest mit einer Kunststoffolie, die am Stamm zusammengebunden werden kann.

Eintopfen

Die stark geschwächte Pflanze muß natürlich sobald wie möglich eingetopft werden. Beim Auswickeln ist peinlichst darauf zu achten, daß der Ballen nicht auseinanderfällt. Die stärksten Wurzeln sollten nun noch einmal diagonal angeschnitten werden. Das Bäumchen kann jetzt entweder für eine gewisse Zeit geschützt im Garten eingegraben werden, oder aber man wählt einen genügend großen und tiefen Topf mit einem Wasserabzugsloch. Das Substrat muß im unteren Drittel des Topfes grob und gut wasserdurchlässig sein, die Schicht darüber aber feiner und reichlich durchsetzt mit kleineren Kieselsteinen zur besseren Dränage. Die Erde muß um den vorhandenen Ballen herum fest angedrückt und anschließend durchdringend gewässert werden.

Die weitere Behandlung

In den nächsten Wochen darf die Pflanze weder starkem Wind, noch starker Sonneneinstrahlung ausgesetzt werden, weil dies nur eine zusätzliche Schwächung im Prozeß der Wurzelbildung bedeuten würde. Besprühen Sie daher eventuell vorhandene Nadeln oder Blätter mehrmals täglich mit etwas Wasser. Meistens dauert es dann etwa einen Monat, bis die Pflanze wieder Lebenszeichen zeigt; mit einiger Sicherheit ist nun die Umstellung geschafft. Etwaige frische Triebe kürzen Sie mit den Fingerspitzen hinter dem zweiten oder dritten Blatt, damit sich der Ast hier feiner verzweigen kann. Setzen Sie den Baum allmählich der Sonne aus, anfangs aber nur morgens und spätnachmittags. Auch eine leichte Düngergabe ist jetzt durchaus vorteilhaft. Zum Herbst hin wird sich der Zustand des angehenden Bonsai nahezu normalisiert haben, im ersten Winter gewähren Sie ihm aber unbedingt noch einen Schutz vor Wind und Frösten. Das nächste Frühjahr bietet schon den richtigen Zeitpunkt für die ersten Schritte zur Verkleinerung des Wurzelballens, was eventuell noch alljährlich wiederholt werden muß, bis das Volumen des Ballens etwa ein Drittel oder die Hälfte der Baumkronengröße ausmacht.

Baumschulpflanzen

Natürlich können Sie sich das nötige Rohmaterial zur Bonsai-Anzucht auch aus der Baumschule holen. Einige Zwergscheinzypressen beispielsweise wachsen unglaublich baumähnlich und werden auch schon lange zur Bonsai-Kultur verwendet. Mit etwas Glück finden Sie

vielleicht unter einhundert Exemplaren eine Pflanze, die einen besonders dicken Stamm besitzt.

Bonsai im Schnellverfahren
Das Problem besteht nämlich verständlicherweise oft darin, daß die Dicke des Stammes in keinem brauchbaren Verhältnis zur Höhe des Bäumchens steht, jedenfalls bei den meisten Baumschulpflanzen. Wer sehr ungeduldig ist, kann aber auch aus solchen »Rohexemplaren« schnell einen recht attraktiven Bonsai heranziehen, indem er einfach den Stamm eine Handbreit über

Dreispitzahorn *(Acer buergerianum)*, ca. 15 Jahre alt; ist vor einigen Jahren wohl radikal gekappt worden.

Anzucht und Pflege

dem Boden absägt und gleichzeitig einen radikalen Wurzelschnitt vornimmt. Das muß – ähnlich wie das Ausgraben – vor dem ersten Austrieb geschehen, also im April spätestens. Unterhalb der Schnittstelle werden nach einigen Wochen neue Austriebe erscheinen, die bald das erste Mal gestutzt werden können, damit sie sich reichlich verzweigen und allmählich eine Baumkrone bilden. Im Sommer wird die Schnittstelle, an der der vielleicht meterhohe Baum gekappt worden ist, mehr oder weniger gut verdeckt sein. Im Winter sind solche Bonsai nicht besonders ansehnlich, weil der Stamm und die Äste in keinem harmonischen Dickeverhältnis zueinander stehen. Erst nach einigen Jahren wächst die Stelle allmählich zu, und nur das geübte Auge des Fachmanns kann dann noch Vermutungen über die Entstehung des Bonsai machen. Die meisten Laubbäume in den unteren Preisklassen entstehen auf diese Art und Weise; eine langwierigere Methode schlägt sich später erheblich in den Verkaufspreisen nieder.

Eine Verfeinerung der Methode

Eine ähnliche, nicht ganz so radikale Verfahrensweise wird ebenfalls häufig im kommerziellen Bonsai-Geschäft angewendet. Auch hier geht man von älteren und bereits zu hoch gewachsenen Pflanzen aus, die allerdings nahe über dem Erdboden einige Äste und Verzweigun-

gen aufweisen müssen. Direkt oberhalb des dicksten der unteren Äste sägt man den Stamm des Bäumchens durch. Ein Teil des dicken Astes soll nun die Fortsetzung des Stammes bilden. Sollte der Knick zwischen beiden zu auffällig sein, können Sie mit technischen Mitteln innerhalb eines Jahres den Wuchs korrigieren. Darüber aber später mehr. Wahrscheinlich besteht bei der Pflanze die Möglichkeit, den gleichen Trick an demselben Ast etwas weiter oben noch einmal anzuwenden: also – wieder kappen und damit einen geeigneten Zweig zum Stammfortsatz machen. Wenn dieser Zweig auf der entgegengesetzten Seite des neuen, also des Scheinstammes wächst, wenn Sie also einmal links und das nächste Mal rechts neben der gewählten Stammfortsetzung kappen, wird das statische Gleichgewicht im Gesamtbild des Baumes nahezu ganz wiederhergestellt sein und der Stamm sich in leichten Zickzack-Bewegungen emporwinden. Wenn Sie dagegen zweimal auf der gleichen Seite kappen, muß der Baum zwangsläufig ein gewisses Übergewicht zu einer Seite bekommen; er läßt sich dann verhältnismäßig leicht in eine Kaskadenform bringen.
Gleichzeitig mit dem formenden, oberirdischen Beschneiden können Sie auch den wahrscheinlich notwendigen, umfassenden Wurzelschnitt vornehmen. Beim Eintopfen danach besteht auch gleich die

Möglichkeit, den Baum im ganzen so auszurichten, daß er trotz seiner dynamischen Formen in einem gewissen Gleichgewicht steht.

Soweit eine moderne Methode, die es den japanischen Bonsai-Gärtnereien ermöglicht, den Bedarf an dickstämmigen und doch gleichzeitig noch relativ preiswerten Bonsai zu befriedigen.

Bonsai aus Samen

Natürlich lassen sich Bonsai auch von einem einzelnen Samenkorn ausgehend heranziehen. Diese Methode ist auf lange Sicht vielleicht die vielversprechendste, da schon die Jungpflanzen ständig der formenden Hand des Bonsai-Gärtners unterstehen. Samengezogene Bonsai können also von Anfang an und ganz allmählich in die für sie auserwählte Form gebracht werden, so daß später in den meisten Fällen diese Bäume qualitativ einfach besser sind. Der Nachteil der Samenanzucht liegt einerseits für kommerzielle Züchter in ihrem hohen Arbeits- und Zeitaufwand, auf der anderen Seite für uns Bonsai-Freunde in der nicht unkomplizierten Behandlung des Saatgutes. Anders als in den für Japan typischen, tropischen Klimaverhältnissen während des Spätsommers, die für eine erfolgversprechende Vermehrung ideal sind, haben deutsche Hobbygärtner mit der fehlenden Wärme

und Luftfeuchtigkeit zu kämpfen, wenn nicht gerade ein Kleingewächshaus zur Verfügung steht.

Das Aussäen

Um die Wärme des Sommers richtig ausnutzen zu können, beginnt man mit der Aussaat am besten im März oder April.

Einige Baumarten, vor allem Koniferen, brauchen zum zuverlässigen Keimen eine Art »Kälteschock«; am besten legen Sie die Samen einen Monat in den Kühlschrank. Diesen Vorgang nennt man »Stratifizieren«. Einen Tag vor dem eigentlichen Vorgang des Aussäens sollten Sie alle Samen in eine Schüssel mit Wasser legen. Einmal können Sie dann sofort die nicht keimfähigen Samen daran erkennen, daß sie an der Wasseroberfläche schwimmen bleiben, zum anderen kann die Zeit bis zum Keimen so um ein beträchtliches verkürzt werden.

Verwenden Sie als Gefäß eine tiefe Schale oder eine Holzkiste. In jedem Fall muß ein genügend großes Wasserabzugsloch vorhanden sein, das man mit einem Stückchen Sieb vor dem Verstopfen schützen sollte. Um die Dränage noch zusätzlich zu verbessern, gehört auf den Boden eine Schicht feinen Kieses; darauf schließlich etwa 10 cm dick das Erdsubstrat, zu gleichen Teilen aus Lauberde, Sand, Lehm und Torf bestehend. In Abständen von mehreren Zentimetern verteilen Sie darauf nun die einzelnen Samen und be-

Anzucht und Pflege

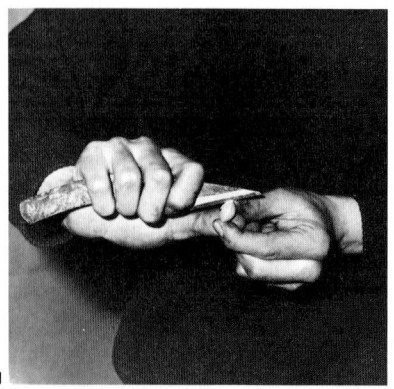

decken das Ganze mit einer finger-
dicken Erdschicht.

Die weitere Behandlung
Der Vorgang des Keimens kann
durch Wärme beschleunigt werden;
stellen Sie also das Saatgut am besten an einen sonnigen, aber doch
luftigen Platz. Sobald die Pflänzchen erscheinen, das kann bei
Laubbäumen nach 2, bei Nadelbäu-
men auch erst nach 3 Monaten der
Fall sein, müssen Sie dagegen eine
allzu starke Sonneneinstrahlung
vermeiden. Häufiges Besprühen
und regelmäßiges Gießen sind wichtige Voraussetzungen für ein zügiges Wachstum. Im Juli/August

Dickschalige Samen (Ginkgo) werden vorher
rundum angeritzt (1). Lassen Sie genügend
Platz zwischen den Körnern (2). Mit einer kleinen Schaufel wird eine fingerdicke Erdschicht
aufgeschüttet (3). Ein- bis dreijährige Ajan-
fichten (4).

24

sollte man das erste Mal vorsichtig düngen, im ersten Winter dann unbedingt noch einen Frostschutz gewähren. Untersuchen Sie die Jungpflanzen regelmäßig auf Schädlinge und spritzen Sie notfalls entsprechende Mittel in geringen Konzentrationen. Nach 2 oder 3 Jahren sollten Sie schließlich die kräftigsten, nicht unbedingt aber die am höchsten gewachsenen aus der Schale nehmen und zur weiteren Bonsai-Kultur einzeln eintopfen.

Bonsai aus Stecklingen

Bei einer Reihe von Baumarten ist die Stecklingsvermehrung vorteilhafter, weil sie schneller zu brauchbaren Ergebnissen führt und andererseits die Gewähr bietet, daß die zu ziehenden Pflänzchen tatsächlich alle die gewünschten äußeren Merkmale der Mutterpflanze aufweisen werden; bei der Samenvermehrung kommt es nämlich oft vor, daß Veränderungen im Erbgut unangenehme Überraschungen mit sich bringen, wie beispielsweise eine verminderte Blühfähigkeit oder einfach größere Blätter.

Das Schneiden und Stecken
Die Vorbereitungen sind die gleichen wie zur Samenvermehrung, nur wählt man diesmal einen höheren Sandanteil.
Im zeitigen Frühjahr ist bei uns die beste Zeit zum Stecken gekommen.

Suchen Sie möglichst kräftige Zweige mit vielen Blättern oder Blattknospen aus, von denen Sie etwa 5–6 cm lange Spitzen abschneiden. Die Stecklinge müssen möglichst sofort direkt unterhalb eines Blattansatzes schräg angeschnitten und dann zur Hälfte einge-

Bei einer Azalee werden Wurzelsprosse als Stecklinge geschnitten (1). Eingesteckte Azaleenstecklinge (2).

1

2

25

Anzucht und Pflege

Stecklingsschneiden beim Chinawacholder (1).
Schale mit Wacholderstecklingen (2).

Rechte Seite:
Chinesischer Wacholder *(Juniperus chinensis)*, ca. 12 Jahre alt. Glasierte Schale 22 cm.
Höhe 55 cm.

hen, diesen Vorgang mehrmals täglich wiederholen!

Die weitere Behandlung
Frische Stecklinge sollen windgeschützt aufgestellt und erst nach einigen Wochen allmählich mehr und mehr der Sonne ausgesetzt werden. Wenn Nachtfröste drohen, die Pflänzchen hereinnehmen, ansonsten unbedingt dem erfrischenden Tau überlassen.
Erste Düngegaben in geringen Dosen sind frühestens im Herbst angebracht. Bis dahin sollten die Triebspitzen sich schon ein gutes Stück weiterentwickelt haben, ausgesprochen mickrige oder gar faulende Jungpflanzen können regelmäßig entfernt werden.
Im nächsten Frühjahr die Pflanzen vorsichtig herausnehmen und einzeln in etwa 10 cm große Töpfe pflanzen.
Haben Stecklinge einmal Wurzeln geschlagen, sind sie bald kaum noch von kleinen Sämlingen zu unterscheiden. Das weitere Vorgehen ist deshalb auch gleich, das heißt, in Hinblick auf die erwünschte Form wird in regelmäßigen Zeitabständen die Baumkrone beschnitten. Einige Jahre läßt man die Pflanzen fast ungehindert in ihren relativ großen Töpfen wachsen, bis dann eine echte, flache Bonsaischale dem Wurzelwachstum eine Grenze setzt, bis der Baum allmählich Bonsai-Gestalt annimmt und die detaillierte Formgebung beginnen kann.

steck werden. Es dürfen sich keine Blätter unter der Erdoberfläche befinden, denn diese würden bald faulen und dann den Steckling gefährden. Gleich anschließend die ganze Schale oder Kiste ausgiebig mit Wasser besprenkeln oder besprü-

Anzucht und Pflege

Bonsai durch Pfropfen

Die Methode, Bonsai aus Samen oder Stecklingen zu ziehen, verspricht zwar eines Tages sehr gute Bonsai, erfordert aber für die kommerzielle Anzucht zuviel Zeit und Arbeitsaufwand. Lediglich einige besonders schnellwüchsige Gehölzarten bringen trotzdem zeitgerecht das gewünschte Ergebnis. Die Alternative bietet sich hier natürlich im Pfropfen an. Das Prinzip besteht dabei darin, daß ein Edelreis – etwa ein kleiner Zweig oder ein kurzer Trieb ohne Wurzeln – auf eine bewurzelte »Unterlage« gesteckt wird und dann dort anwächst. Das Gehölz wächst mit allen äußeren Merkmalen des Edelreises weiter, hat aber gleichzeitig gewisse positive Eigenschaften der Unterlage behalten.

Ein bedeutsames und anschauliches Beispiel mag zum besseren Verständnis beitragen. Die Blaue Mädchenkiefer *(Pinus pentaphylla),* seit langer Zeit ein Symbol der japanischen Landschaft, ist zugleich eine der traditionsreichsten und beliebtesten Bonsai-Pflanzen. Die Pflanze wächst aber so langsam, daß weit mehr als ein Jahrzehnt vergehen kann, bevor sie als Bonsai auch nur eine Höhe von 20 cm erreicht hat. Im Handel sind solche langsam gewachsenen, nicht gepfropften Mädchenkiefern überhaupt nicht zu bekommen. Einzelstücke kosten in Japan ein kleines Vermögen. Sämtliche Mädchenkiefer-Bonsai, die bei uns zum Verkauf stehen, sind gepfropfte Bonsai, als Unterlage wurde die Schwarzkiefer *(Pinus thunbergii)* benutzt. Sie bringt als positive Eigenschaften ein schnelleres Wachstum und eine bessere Wurzelschnittverträglichkeit mit sich.

Pfropfnarben

An einem fertigen Bonsai ist die Pfropfnarbe bei genauerem Hinsehen deutlich als Verdickung des Stammes ein Stück über dem Boden zu erkennen. Je sorgfältiger und geschickter beim Aufpfropfen vorgegangen wird, desto unauffälliger wird später die Narbe, die zwar im Laufe der Jahre auch noch weiter verwächst, aber nie ganz verschwinden wird, ganz einfach, weil allein die unterschiedliche Rindenstruktur von Schwarz- und Mädchenkiefer eher immer deutlicher werden muß. Der untere Teil des Stammes ist bei älteren und gepfropften Mädchenkiefern rötlichbraun, deutlich borkiger und betont das Alter des Bonsai viel besser, als das die relativ feine Rinde der Mädchenkiefer könnte. Bei der Formgebung läßt sich aber eine Pfropfnarbe mit etwas Geschick gut hinter dem Astwerk verstecken.

Aus ähnlichen Gründen wie im Fall der Mädchenkiefer werden Veredelungen auch noch häufig bei anderen Koniferen und Laubbäumen vor-

Japanischer Pfirsich, ca. 7 Jahre alt. Vor etwa 2 Jahren ist ein weißblühender Zweig aufgepfropft worden. Sechseckiges Keramikgefäß 14 cm. Gesamthöhe 40 cm.

genommen, wie z.B. bei der Scheinzypresse und beim Fächerahorn. Die Möglichkeiten des Pfropfens sind ebenso vielfältig wie kompliziert, so daß zum Erlernen allein ein ganzes Buch zu verarbeiten wäre, wenn man nicht jemanden kennt, der einem die Handgriffe und den Umgang mit dem Okuliermesser im Anschauungsunterricht vermitteln kann. Für uns soll in diesem Buch nicht so sehr das Vorgehen an sich, als vielmehr das »warum« und »zu welchem Zweck« interessant sein.

Anzucht und Pflege

Bonsai durch Abmoosen

Das Prinzip des Abmoosens besteht darin, daß der obere Teil eines Baumes oder einer seiner Äste fachgerecht abgenommen und dann als Bonsai weitergezogen wird. Das Abmoosen kann bei fast allen Gehölzen angewendet werden und führt relativ schnell zu sehr brauchbaren Ergebnissen. Interessant ist es in solchen Fällen, wo die Gesamterscheinung einer Pflanze durch eine Verkürzung ihres Stammes gewinnen könnte, wo ein kräftiger Ast allein erfolgversprechend ist, oder wo eine Anzahl von Ästen, die am Stamm auf einer Höhe entspringen, eventuell die Stämme eines kleinen Wäldchens bilden könnten.

Vom kommerziellen Standpunkt ist diese Methode kaum interessant, da wirklich erfolgversprechende Fälle relativ selten vorkommen. Dennoch soll hier kurz und klar eine Anleitung zum Vorgehen gegeben werden.

Zwei Varianten des Abmoosens:

- Bei der ersten wird ein zweifingerbreites Stück der Rinde genau an der Stelle, wo der betreffende Pflanzenteil Wurzeln schlagen soll, mit einem scharfen Messer rund um den Stamm sauber abgelöst.
- Bei der anderen wickelt man einen Kupferdraht so eng um das Rindenstück, daß er sich etwa zur Hälfte eingräbt.

Die Zeichnungen veranschaulichen das Abschälen (1) und das Abschnüren (2) der Rinde. Anschließend wird die Stelle mit Sphagnum und Folie umhüllt (3).

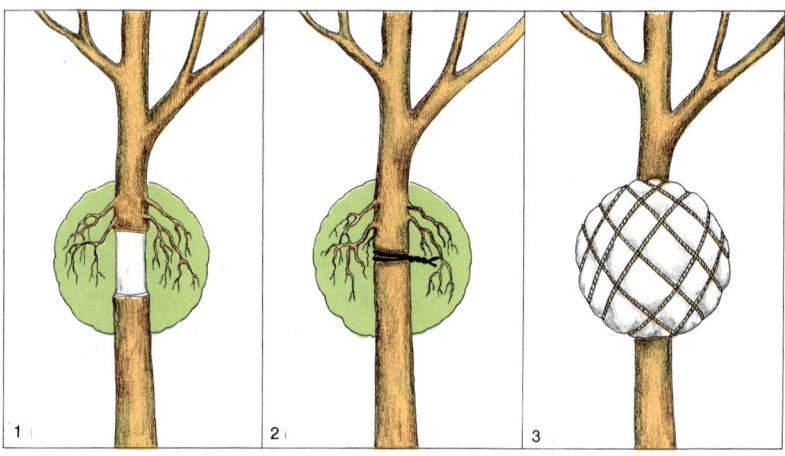

In beiden Fällen umhüllen Sie nun die betreffende Stelle mit feuchtem Sphagnum-Moos und darüber mit einem Stück Plastikfolie, die unten sehr fest und oben wegen des Gießens nur wenig zugebunden wird. Gleichzeitig sollten Sie alle überflüssigen Äste entfernen, die den geschwächten Baum ja doch nur zusätzlich belasten würden.

Wenn Sie diese ersten Schritte im Frühsommer vornehmen, wird ein Laubbaum eventuell bis zum Herbst Wurzeln getrieben haben, ein Nadelbaum dagegen möglicherweise erst im darauffolgenden Sommer. Diese Zeitspanne ist in einem hohen Maße abhängig von Lufttemperatur und -feuchtigkeit, Sie sollten also die Pflanze in den nächsten Wochen möglichst mehrmals täglich besprühen und direkte Sonneneinstrahlung vorläufig vermeiden. Meist entscheidet es sich nach 10-14 Tagen, ob der Baum es schaffen wird oder nicht.

Wenn im Herbst noch nicht ausreichend Wurzeln ausgetrieben sind, muß man mit dem Kappen bis zum nächsten Jahr warten und den Baum frostfrei halten, oder, wenn das nicht möglich ist, wenigstens die behandelte Stelle mit den empfindlichen Wurzeln ein wenig schützen.

Schließlich kann der Stamm unterhalb der betreffenden Stelle abgesägt und der obere Teil vorsichtig eingepflanzt werden. Am besten belassen Sie einen Teil des Sphagnums zum Schutz an den Wurzeln. Einige Wochen muß der Baum nun halbschattig stehen und häufig besprüht werden, bevor man ihn ein wenig düngen und allmählich gegen die Sonne abhärten kann.

Nach einem Jahr etwa können Sie das restliche Sphagnum entfernen und den Baum eventuell in einen passenderen Topf umpflanzen.

Bonsai-Schalen

Bonsai-Schalen sollen zwei wichtige Funktionen erfüllen: zum einen tragen sie mit ihrer geringen Größe zum charakteristischen Zwergwuchs der Pflanzen bei, zum anderen müssen sie eine optische Ergänzung und »Abrundung« des Baumes bilden, der in ihnen wächst. Normalerweise werden Bonsai der unteren Preisklassen bei uns in relativ einfachen, runden Schalen verkauft. Es handelt sich dabei um maschinell gefertigte Massenartikel, die von den Importeuren verwendet werden, um den Preis eines jungen Bonsai nicht gleich um die Hälfte teurer werden zu lassen. Diese Schalen erfüllen ihren praktischen Zweck, sind aber auf lange Sicht nur als Provisorium anzusehen, da sie in ihrer äußeren Form eben überhaupt nicht auf die darin verkauften Pflanzen abgestimmt sein können. Mittlerweile gibt es aber in allen deutschen Großstädten Fachhändler, die ständig einige handge-

Anzucht und Pflege

Verschiedene Bonsai-Schalen.

fertigte, allgemein anspruchsvollere Bonsai-Schalen in den gängigen Größen vorrätig haben. In diesem Angebot gibt es glasierte und unglasierte; runde, ovale, eckige; sehr flache und sehr hohe Töpfe. Beim Kauf einer Schale sollten Sie möglichst Ihren Bonsai mitbringen, um auch auf jeden Fall das richtige Stück finden zu können. Die optimale Schale darf den Ausdruck der Pflanze nicht übertönen, sondern muß mit ihr in Größe, Farbe, Form und Oberflächenstruktur harmonieren; sie darf den Blick von der Pflanze nicht ablenken. Bunte oder gar grell glasierte Töpfe dürfen allenfalls bei blühenden oder früchtetragenden Bonsai den Rahmen bilden. Glasierte Töpfe halten in jedem Fall die Ballenfeuchtigkeit länger, sie werden beispielsweise nie für alte Koniferen empfehlenswert sein, die gegen Staunässe besonders empfindlich sind.

Bei der Auswahl einer Form sollten Sie sorgfältig bedenken, ob sich Tendenzen in der Gestaltung der Pflanze nicht im Charakter der Schale wiederholen könnten: ein streng aufrechter Baum ohne Windungen kommt sicherlich am besten in einer rechteckigen, schlichten Schale zur Geltung, eine kaskadenförmig wachsende Pflanze braucht als »Gegengewicht« optisch und praktisch einen sehr hohen und großen Topf.
Das Wichtigste zuletzt: jeder Bonsai-Topf braucht natürlich ein oder mehrere genügend große Wasserabzugslöcher.

Erden und Erdmischungen

Wie schon anfangs erwähnt, ist gerade die Zusammensetzung der Erdsubstrate ein für Bonsai entscheidender Faktor.

Grundsätzlich braucht jede Baumart hauptsächlich die Erdbestandteile, die auch in ihrer natürlichen Umgebung zu finden ist. Die Evolution hat im Laufe von Jahrtausenden in den verschiedensten Landschaften genau die Pflanzen überleben lassen, die den Gegebenheiten am besten angepaßt waren, und neben den Klimafaktoren spielt für eine Pflanze eben auch der Untergrund eine entscheidende Rolle.

Da für Bonsai-Gärtner nicht immer und überall genau der richtige Boden verfügbar sein kann, muß dieser ihn sich aus verschiedenen Bestandteilen zusammenmischen, wobei er über die Bestimmung der jeweiligen Mengenverhältnisse die der Pflanze typischen Eigenheiten ausnützen kann.

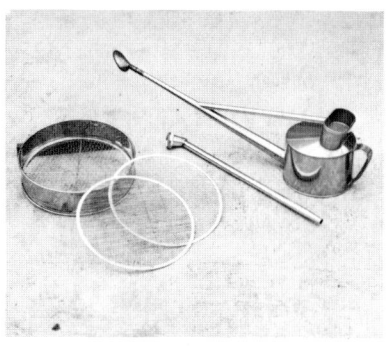

Sieb mit austauschbaren Einlagen und original japanische Bonsai-Gießkanne.

In Japan selbst gibt es eine Unzahl von Erden verschiedenster Art aus unterschiedlichen Landesteilen, sie sind dort in großer Auswahl in besseren Spezialgeschäften erhältlich. Grundsätzlich sollten uns aber drei Erdsorten reichen, nämlich grober Sand, Lehm und Lauberde.

Die spezielle Beschaffenheit von Bonsai-Erden

Bonsai-Erden müssen sehr sauber und möglichst frei von jeglicher Art von Dünger sein, denn die Nahrung soll künstlich und vor allem gezielt zugefügt werden, um jeweils ein gleichmäßiges und doch gelenktes Wachstum zu ermöglichen. Weiterhin sollten die Substrate vor dem Vermengen und Eintopfen trocken, krümelig und locker sein, das heißt, bevorzugt verwendet werden sollten Erden, die aus Klümpchen verschiedener Stärken bestehen, weil dadurch im Topf eine bessere Dränage und Luftzufuhr gewährleistet wird.

Das optimale Mischungsverhältnis ist für

Koniferen:
50% Lehm und 50% Sand oder je nach Alter bis zu 100% Lehm

Laubbäume:
60% Lehm, 30% Sand und 10% Lauberde

Blühende und Früchtetragende:
50% Lehm, 30% Sand und 20% Lauberde

Anzucht und Pflege

Wer es ganz richtig machen will, wird die fertig gemischte, körnige Erde vor dem Topfen auch noch auf drei verschiedene Korngrößen sieben. Im Fachhandel sind dazu Siebe mit Maschenweiten von 3 mm bis 1 cm erhältlich. Die bis 1 cm groben Teile liegen, eventuell noch mit kleinen Kieselsteinen durchsetzt, als unterste Schicht im Topf, die mittlere Schicht bilden die nächstkleineren, den Rest füllen schließlich die kleinsten aus. Allzu feine Anteile werden so beim Sieben ausgesondert und können später nicht die für einen guten Wasserabzug wichtigen Freiräume zwischen den Klümpchen verstopfen.

Eintopfen und Umtopfen

Wenn ein Bonsai mehrere Jahre in einem Topf gestanden hat, muß dieser verständlicherweise vollkommen von dessen Wurzeln ausgefüllt sein. Irgendwann werden die Wurzelmassen sich dann so drängen, daß sie zwangsläufig anfangen zu faulen. Außerdem wird bis dahin das Erdsubstrat schon so ausgelaugt sein, daß es durch ein frisches ersetzt werden muß. Wann dieser Zeitpunkt kommt, ist bedingt durch Baumart, Alter, Schalengröße und die jeweilige Erdzusammensetzung. Am besten begutachten Sie den Zustand des Ballens etwa zweimal im Jahr und topfen erst dann um, wenn sich sichtbar ein enges Netz von Wurzeln gebildet hat.

Die beste Jahreszeit zum Beschneiden des Ballens wird fast in jedem Fall in den Monaten März und April, also vor Beginn des neuen Austriebs liegen, bei einigen Koniferen wird auch die Herbstzeit empfohlen. Wir kommen später noch zu den genauen Daten.

Wichtige Vorbereitungen

Da der Vorgang des Umtopfens sehr zügig vor sich gehen muß, um das vom Erdreich entblößte Wurzelsystem nicht noch zusätzlich zu schädigen, ist es empfehlenswert, alle notwendigen Werkzeuge und Materialien rechtzeitig bereitzustellen:

Wenn eine neue Schale verwendet werden soll, muß diese über ihrem Abzugsloch ebenfalls mit einem Stück Sieb versehen werden, das ein Hinausschwemmen der Erde verhindern soll.

Neben der vorbereiteten, ausgetrockneten Erde brauchen Sie folgende Werkzeuge:

- eine kleine Schaufel zum Einfüllen
- eine sehr scharfe und saubere Schere
- ein stumpfes Holzstäbchen (bzw. Pinzette)
- eine Wassersprühflasche.

Der Bonsai selbst wird so lange vorher nicht gegossen, daß er zum Zeitpunkt des Umtopfens fast trocken ist, weil dann auch die Erde leichter von den Wurzeln zu befreien ist.

Anzucht und Pflege

Der eigentliche Vorgang

Suchen Sie sich einen windstillen und vor allem schattigen Platz. Fassen Sie den Baum am Stamm und versuchen Sie vorsichtig, ihn aus dem Topf zu heben. Einige Bonsaischalen besitzen einen nach innen gewölbten oberen Rand, der dies zunächst praktisch unmöglich macht. Lösen Sie in diesem Fall mit dem Stäbchen von den oberen Kanten des Ballens so viel von der Erde und dem Wurzelfilz, bis sich der Baum bequem bewegen läßt. Legen Sie ihn nach dem Herausnehmen auf die Seite und halten ihn mit der einen Hand am Stamm fest. Nun muß der Wurzelfilz mit dem Stäbchen rundherum vorsichtig so weit gelockert werden, bis er zu seinem Großteil frei herunterhängt. Bei jüngeren Bonsai kann dabei rund die Hälfte des alten Bodens entfernt werden, bei alten Pflanzen eher ein bißchen weniger. Schneiden Sie nun mit sauberen Schnitten das meiste der freiliegenden Wurzeln weg. Die dicke Hauptwurzel muß ebenfalls mit einem Diagonalschnitt gekürzt werden.

Am freiliegenden Ballen ist deutlich der weiße Pilzbelag zu erkennen, der ein gesundes Wachstum anzeigt (1). Von oben nach unten gehend wird vorsichtig der Wurzelfilz aufgelockert (2, 3).

Anzucht und Pflege

So schneiden Sie den Wurzelfilz zurück (4).
Kappen Sie die Hauptwurzel mit einem schrägen Schnitt (5).

Jetzt kann das eigentliche Eintopfen beginnen. Füllen Sie die Schale etwa zu einem Fünftel mit dem gröbsten Granulat; ersatzweise kann auch eine weniger krümelige Erde verwendet werden, die dann aber zum Zwecke der besseren Dränage mit kleinen Kieselsteinen durchsetzt werden sollte. Nachdem Sie anschließend eine dünne Schicht der mittelfeinen Erde aufgeschüttet haben, können Sie darauf die Pflanze setzen.

Der Mittelpunkt der Schale ist übrigens durchaus nicht immer auch der richtige Platz für die Pflanze, vor allem, wenn diese nicht ganz symmetrisch ist. Die Krone soll zwar aus harmonischen Gründen an allen Seiten den Topfrand etwa gleich weit überragen, der Stamm darf aber ein Stück nach den Seiten oder nach hinten versetzt stehen. Nun verteilen Sie die verbliebenen Wurzeln sorgfältig in alle Richtungen um den Stamm herum und füllen nach und nach mit der mittelfeinen Erde die Freiräume dazwischen aus, wobei Ihnen wieder das Stäbchen eine gute Hilfe sein kann. Das oberste Fünftel der Schale wird schließlich mit der feinsten der drei Granulierungen aufgeschüttet. Um das Bäumchen optisch auch voll in den Topf integrieren zu können, sollten Sie darauf achten, daß die Erdoberfläche bis an die Oberkanten des Randes heranreicht und dann praktisch in diesen übergeht, während sie zum Stamm hin ruhig ein wenig ansteigen sollte.

Der Bonsai muß nun fest in der vorgesehenen Ausrichtung stehen, ohne zu wanken. Die frisch eingefüllte Erde wird dazu aber nur leicht angedrückt; notfalls müssen Sie die Standfestigkeit in den ersten Wochen mit einer Schnur sichern, die

6

10

7

11

8

12

9

Vorbereitungen zum Eintopfen und das Eintopfen selbst (6–10; siehe auch Text Seite 35, 36). Die Erdoberfläche wird geglättet (11). Mit einer Sprühflasche werden die Wurzelansätze freigelegt (12).

37

Anzucht und Pflege

Sie fest um die Wurzelansätze und dann um den ganzen Topf herumwickeln.

Zum Schluß befreien Sie den Fuß des Stammes und die Wurzelansätze mit Hilfe der Sprühflasche von der anhaftenden Erde und glätten mit der Hand oder noch besser mit einem Pinsel die Erdoberfläche. Dann wird der Bonsai ausgiebig gegossen.

Die weitere Behandlung

Frisch eingetopfte Bonsai müssen auf jeden Fall während der nächsten 2-4 Wochen vor starker Sonneneinstrahlung und Wind geschützt, sowie mehrmals täglich besprüht werden, da sich ja erst einmal neue Saugwurzeln bilden müssen. Um jede überflüssige Verdunstung zu vermeiden, können Sie außerdem jetzt alle ohnehin störenden Nadeln, Blätter oder Zweige entfernen.

Wässern

Gegossen wird ein Bonsai immer dann, wenn seine Erdoberfläche beginnt trocken zu werden. Wenn sich bereits Risse im Boden gebildet haben, sollten Sie keinesfalls länger damit warten; von einem gewissen Punkt an wird die Erde dann bald so wasserabweisend, daß beim einmaligen Begießen das Wasser einfach durch die Fugen abläuft, ohne aufgesogen werden zu können. In diesem Fall müßten Sie mehrmals hintereinander Wasser nachgeben, um eine ausreichende Versorgung zu gewährleisten.

Sonne und Wind sollen zwar als wachstumshemmende Faktoren die Erde schneller austrocknen lassen, andererseits darf es nicht zum Welken der Pflanze kommen. So muß an heißen Sommertagen eventuell zwei- oder sogar dreimal gewässert werden, während das Gießen in der Ruhezeit des Bonsai im Winter vielleicht nur einmal in der Woche nötig sein wird. Das Wässern selbst sollte sich übrigens nicht auf das Erdsubstrat beschränken, vor allem im Sommer sollten Sie jedesmal den ganzen Baum überbrausen, allerdings so vorsichtig, daß nicht gleich ein Teil der Erde mit weggeschwemmt wird, denn sonst wird sich nie ein Moosteppich bilden. Eine kleine und handliche Gießkanne mit feinen Löchern wird dabei den besten Dienst erweisen. Von einem vollständigen Überbrausen ist nur dann abzuraten, wenn ein Baum in voller Blüte steht, weil sonst die bunte Pracht schnell dahinfaulen würde.

Das Gießen muß immer so ausgiebig geschehen, bis Wasser aus der Dränageöffnung im Topfboden tritt;

Mädchenkiefer *(Pinus parviflora)*, ca. 20 Jahre alt. Keramikgefäß 34 × 25 cm. Gesamthöhe 45 cm.

Anzucht und Pflege

auch im Winter darf das nicht vernachlässigt werden, ebensowenig natürlich wenn Ihr Bonsai einmal in der Wohnung steht und Sie berechtigte Angst um die Fensterbank und Teppiche haben. Ein Blumentopfuntersetzer unter einer Bonsaischale oder gar ein bunter Übertopf ist jedoch für jeden echten Bonsai-Freund haarsträubend. Stellen Sie Ihren Bonsai deshalb zum Gießen einfach wieder nach draußen – oder in die Badewanne.

Noch ein Wort zum Gießwasser. Leitungswasser erfüllt seinen Zweck und wird höchstens auf sehr lange Sicht einen Bonsai ernsthaft schädigen können. Etwaige Kalkflecken an den Wurzelansätzen können Sie mit Wasser und einer kleinen Bürste wieder entfernen. Besser ist es aber in jedem Fall, Regenwasser, oder zumindest abgekochtes oder abgestandenes Wasser zu verwenden.

Bonsai-Dünger

Bonsai können etwa ein Jahr ohne Düngegaben leben, bevor sie von den Blättern und Zweigen her allmählich vertrocknen. Dieses Schicksal wäre bedingt durch den kleinen Topf und seine verhältnismäßig geringe Erdmenge, deren Speicher an Mineralstoffen sehr schnell erschöpft ist. In der Natur wachsende Pflanzen können dagegen mit ihrem umfassenden Wurzelsystem so viele Nährstoffe aufnehmen, wie nötig.

Verständlicherweise kann es keine allgemeine Regel für die Düngung von Bonsai geben, da jede Art, ja jede einzelne Pflanze ihren eigenen Bedarf hat. Die richtige Dosierung ist abhängig von Topfgröße, Pflanzenart und Erdmischung. Insofern ist es auch verständlich, daß Koniferen, also immergrüne Gehölze das ganze Jahr über Dünger benötigen, während bei den meisten Laubbäumen eine Düngegabe im Winter das Verrotten der Wurzeln zur Folge haben könnte.

Allgemein muß ein Pflanzendünger die drei Grundbestandteile Stickstoff, Phosphorsäure und Kalium enthalten, daneben eine Anzahl von Spurenelementen, die aber normalerweise in der Bonsai-Erde ohnehin ausreichend vorhanden sind. Blühende und früchtetragende Gehölze benötigen zum prächtigen Gedeihen oft erhöhte Phosphorsäure- und Kaliumbeigaben; in den Angaben zur Behandlung der einzelnen Arten ab S. 80 finden Sie dazu genauere Hinweise.

Womit wird gedüngt?

Die handelsüblichen Dünger in flüssiger oder Pulverform sind für Bonsai nicht ohne weiteres zu empfehlen. Wo es in der Pflegeanleitung angegeben ist, kann aber bequem mit einer doppelten (!) Verdünnung gearbeitet werden.

Als Alternative zu diesen Mineral-

Hier sind vier Düngekugeln mit Drahtklammern auf der Erdoberfläche befestigt.

Bonsai sind keine Zimmerpflanzen

Dieses Kapitel ist sicherlich das entscheidendste, was die Pflege angeht, denn erfahrungsgemäß werden hier die meisten Fehler gemacht. Bonsai sind keine Zimmerpflanzen auf Dauer, sondern normale Bäume im Miniaturformat. Wenn sich in unseren Breiten tropische Pflanzen im Zimmer halten lassen, so liegt das daran, daß sie auch im Winter ein gewisses Wärmebedürfnis haben. Japanische Bonsai-Gehölze haben dagegen, wie unsere Bäume auch, in ihrem natürlichen Lebensrhythmus eine Ruhezeit im Winter »einprogrammiert«. Bei der trockenen Heizungsluft unserer Wohnungen wird ein Baum schlichtweg überfordert, er braucht ganz einfach seine Wachstumspause.

Der richtige Standort

Stellen Sie Ihren Bonsai also am besten stets nach draußen und holen Sie ihn nur tageweise ins Zimmer, im Sommer bei gut gelüfteten Räumen eventuell auch einmal für einige Wochen. Die meisten Bonsai-Gehölze sind zwar vollkommen winterhart, dennoch sollte man ihnen einen gewissen Schutz gewähren: zum einen, weil der Wurzelballen in seiner kleinen Keramikschale ziemlich ungeschützt ist, zum anderen, weil ganz dünne Zweige vom Wind einfach »gefriergetrocknet«

düngern sind aber auch organische Dünger sehr zu empfehlen. Traditionell für Bonsai verwendete Substanzen sind beispielsweise Asche, Hornspäne, Ölkuchen und vor allem Rapsschrot, die entweder häufchenweise auf der Erdoberfläche ausgestreut werden können und sich dann allmählich auflösen, aber auch als fermentierte Lösungen in einer 20-30fachen Wasserverdünnung bequem zu verabreichen sind. Neuerdings gibt es im Fachhandel vereinzelt auch schon fertige japanische Bonsaidünger in Tablettenform, die genau die richtige Zusammensetzung besitzen.

werden könnten. Stellen Sie den Baum also windgeschützt in eine Ecke, decken Sie den Topf mit Tüchern, Zeitungspapier oder Torf ab und isolieren Sie gegen den Boden mit einem Stück Styropor. Laubbäume stellt man am besten frostfrei in einen relativ hellen, gut belüfteten und höchstens 10°warmen Raum, weil ihre zarten Zweige in der Kälte besonders gefährdet sind. Vielleicht haben Sie ja keinen Wintergarten zur Verfügung, dann ist es aber genausogut mit einem Treppenhaus oder einem Garagen- oder Kellerfenster getan. Im Frühjahr muß der Bonsai möglichst bald wieder nach draußen und soll dann lediglich bei Gefahr von Nachtfrösten vorübergehend ins Zimmer genommen werden, damit eventuell schon vorgetriebene Knospen nicht etwa abfrieren.

Krankheiten und Schädlinge

Ein Baum in einer Schale ist genauso durch Krankheiten und Schädlinge gefährdet, wie ein naturgewachsener auch. Allerdings muß in jedem Fall erst ein schwerwiegender Fehler in der Pflege vorangegangen sein, bevor eine Pflanze ihre natürlichen Abwehrkräfte verliert. Sie wird sich später auch nur dann wieder erholen, wenn sowohl die Krankheit (oder die Schädlinge) beseitigt werden, als auch die Ursachen des Schwächezustandes.

Wurzelfäule

Was häufiger vorkommt, ist die Wurzelfäule; von ihr ist kaum eine Art nicht betroffen. Sie resultiert aus einer falschen Erdzusammensetzung, einem verstopften Wasserabzugsloch oder aus dem zu häufigen Gießen. In allen 3 Fällen entsteht am Boden der Schale leicht ein Sumpf, weil eine ausreichende Dränage und Luftzufuhr verhindert sind. Vielleicht ist der Bonsai auch längere Zeit zu trocken gewesen, so daß die sehr feinen Saugwurzeln abgestorben sind und zu faulen begonnen haben, möglicherweise haben Sie auch zur falschen Zeit umgepflanzt, oder es ist nach dem Umpflanzen zuviel gegossen worden. Das alles klingt viel komplizierter, als es ist, muß aber doch seine Erwähnung finden. Im Zweifelsfall müssen Sie den Bonsai vorsichtig aus der Schale nehmen und den Ballen untersuchen, die Krankheit läßt sich recht deutlich an dunkelbraunen und matschigen Wurzeln erkennen. Am besten schneidet man dann sofort alle befallenen Teile radikal zurück und wechselt die Erde, die ja ebenfalls infiziert ist, gegen andere,

Holzapfel *(Malus haliana)*, ca. 10 Jahre alt. Keramikgefäß 17 × 17 cm. Gesamthöhe 46 cm.

Anzucht und Pflege

frische aus. Eine zusätzliche Desinfektion macht die Maßnahmen noch erfolgversprechender.

Läuse

Etwas seltener kommen Blatt- oder Wolläuse vor. Hier ist die Ursache meist in dem zu häufigen Aufstellen in der Wohnung zu suchen. In beiden Fällen spritzt man ein handelsübliches Gift, allerdings in vierfacher Verdünnung, und ohne daß davon etwas in die Erde eindringen kann.

Ganz egal, ob nun Krankheiten, Schädlinge oder ein zu langer Aufenthalt im Zimmer die Ursache für eine gravierende Schwächung gewesen sind, der Bonsai muß nach den Erste-Hilfe-Maßnahmen sofort vor Sonne, Wind und Frost geschützt aufgestellt und mehrmals täglich besprüht werden, um jede unnötige Verdunstung zu vermeiden.

Bonsai-Werkzeuge

Für eine erfolgreiche Anzucht sind einige Werkzeuge, die im folgenden kurz vorgestellt werden sollen, unbedingt zu empfehlen. Sie benötigen zwar nicht unbedingt das im Fachhandel erhältliche und ebenso formschöne wie wertvolle Spezialwerkzeug aus japanischer Fertigung, sollten aber darauf achten, daß es dennoch zweckentsprechend und von hochwertiger Quali-

tät ist. Stumpfe oder gar schartige Scheren und Messer sind unbrauchbar und können bleibende Schäden anrichten. Sie benötigen folgendes:

- scharfe und saubere Scheren verschiedener Größen zum Beschneiden von Blättern, Zweigen und Wurzeln
- eine feine und handliche Säge für dicke Äste und Wurzeln
- ein scharfes und kurzes Messer
- kräftige Kneifzangen zum Kappen von Draht; schmale Zangen mit langen Griffen erleichtern die Arbeit in dicht verzweigten Baumkronen
- eine abgerundete Flachzange zum Abwickeln des Drahtes
- eine spitz zulaufende Schaufel
- Holz- oder Bambusstäbchen für alle Zwecke
- einen breiteren Pinsel zum Glätten der Erdoberfläche
- eine kleine und handliche Gießkanne mit feinen Löchern
- eine robuste Sprühflasche für Wasser, Dünger und Pflanzenschutzmittel; die Düse muß fein regulierbar sein
- brünierten oder eloxierten Kupfer- und Aluminiumdraht zur Formgebung, weich und biegsam

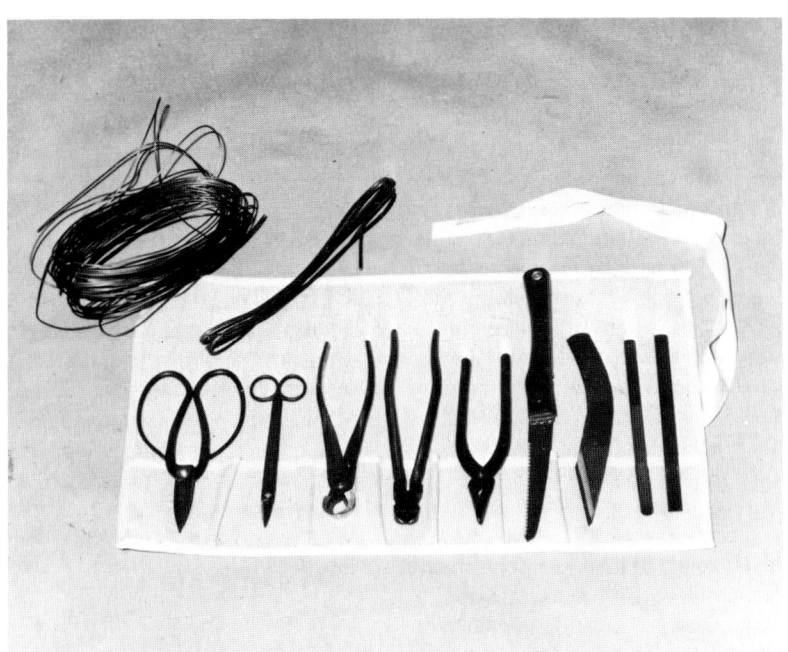

In der oberen Bildhälfte Draht in verschiedenen Stärken für Äste und Stämme.
Dann von links nach rechts:

- Handliche Astschere, die auch für dickere Äste noch kräftig genug ist.
- Etwas feingliedrigere Version mit extralangen Stielen zum Arbeiten an unzugänglichen Stellen der Baumkrone und für das Beschneiden der Knospen. Mit der größeren Astschere kann man leicht versehentlich feine Zweige abbrechen.
- Kräftige Zange für ganz dicke Äste und Wurzeln. Sie muß einerseits sehr stabil, andererseits aber auch sehr scharf sein. Eine schartige, stumpfe Zange würde mit Sicherheit schlimme Wunden reißen.
- Große Draht-Kneifzange. Auch sie besitzt lange Stiele für die Arbeit tief in der Baumkrone. Gute Dienste leistet sie beim Entfernen des dicken Stammdrahtes, wenn man nämlich schon vorher alle paar Zentimeter den Draht kappt.
- Kleine Draht-Flachzange, mit der man beim Abwickeln den dünnen oder mittleren Draht so sicher kneifen kann, daß er nicht abrutscht und eventuell die Rinde verletzt.
- Feine Handsäge im Taschenformat. In manchen Fällen ist sie zum Entfernen dicker Äste und Wurzeln besser geeignet als die große Astzange.
- Scharfes, handliches und kräftiges Messer zum Herstellen von »jin«-Effekten und zum Herausschneiden häßlicher Narben.
- Zwei verschiedenartige Skalpelle zum Veredeln, Abmoosen usw.

Formen und Arrangieren

Gründe und Ziele

Ein Bonsai ist erst dann zum Bonsai geworden, wenn er durch eine sachverständige Formgebung über viele Jahre hinweg einen harmonischen und artgerechten Charakter bekommen hat. Ohne die Hand des Bonsai-Gärtners würden sich bald einige wenige, kräftige Äste zu einem wilden, stakeligen Wachstum nach allen Seiten hin entwickeln, während kleinere direkt daneben einfach vertrocknen müßten. Gerade im Hinblick auf die Form verlangt ein Bonsai, der einmal ein Meisterstück werden soll, die höchste Aufmerksamkeit.

Im Prozeß des Arrangierens reicht es verständlicherweise nicht aus, einfach mit schöner Regelmäßigkeit alle Zweige zurückzuschneiden. Der ursprüngliche und faszinierende Gedanke der Bonsaikunst liegt aber darin, aus natürlichem Pflanzen-»Material« mit allen seinen Eigenschaften ein echtes Baum-»Individuum« mit den charakteristischen Eigenheiten einer durch Umwelteinflüsse hervorgebrachten Wuchsform zu schaffen.

Das richtige Auge und eine sichere Hand zum Verwirklichen einer speziellen Form lassen sich durch Beobachtungen sowohl in der Natur als auch an guten Bonsai, sowie ganz einfach durch eigenes Probieren schnell erwerben. Bei aller Phantasie und bei allem Interesse an ungewöhnlichen Formen sollten Sie aber nie vergessen, daß später der Gesamteindruck Ihres Bonsai einheitlich und vor allem harmonisch sein sollte.

Die japanische Tradition lehrt uns ein bestimmtes Regelsystem, das die Anzahl aller möglichen Bonsai-Grundformen genau festlegt und in eigene Kategorien gesetzt hat. Für uns ist die Beschäftigung mit Miniaturbäumen ja in erster Linie nur ein interessantes Hobby, ohne daß jene langjährige Tradition mit ihren Bezügen zur Religion und Weltanschauung dahinter steht. Ganz wertlos sollten uns aber die Erfahrungen eines anderen Kulturkreises in diesem Fall nicht sein.

Mädchenkiefer *(Pinus pentaphylla)*, ca. 35 Jahre alt. Keramikschale 39 × 28 cm. Gesamthöhe 65 cm.

Formen und Arrangieren

Häufige Bonsai-Formen

Die streng aufrechte Form
ist eigentlich die »natürlichste«
Form. Ihr Stamm verjüngt sich ohne
irgendwelche Bogen gleichmäßig
nach oben hin. Bei aller Klarheit der
Form ist jede Symmetrie zu vermeiden, deshalb müssen die Äste ab-
wechselnd nach links und rechts
wachsen, ohne daß sich zwei genau
gegenüberstehen. Das Alter des
Baumes wird zusätzlich dadurch betont, daß man das unterste Viertel
des Stammes von Ästen befreit und
die darüber stehenden zusätzlich
noch etwas herabzieht.

Die locker aufrechte Form
ist geprägt durch einen leicht gewundenen Stamm, in der Umwelt
das Resultat immerwährender Naturgewalten. Sie strahlt eine große
Lebenskraft aus, die den Baum jahr-
zehntelang im Kampf gegen die Elemente überleben ließ.
Diese Form ist für manchen Bonsai-
Freund die ansprechendste;
sie läßt sich mit Hilfe von Draht oder
Fäden relativ leicht herausarbeiten
und ist für Koniferen und Laubbäume gleichermaßen geeignet.
Eine klare Etagenform im Astwerk
bringt eine gewisse Ruhe und Statik
in die ansonsten dynamische und
unruhige Form.

Schwarzkiefer
Mädchenkiefer
Lärchen
Tannen
Wacholder
Zypressen
Ulmen
Ahorn
Buchen
Eichen

Kiefern
Wacholder
viele Laubbäume

Formen und Arrangieren

Die Besenform
besitzt ebenfalls einen aufrechten
Stamm, dieser teilt sich dann aber
an einem Punkt in mehrere Äste.
Charakteristisch die dichte und fein
verzweigte Baumkrone.

Ulmen
Ahorn
Buchen
Scheinzypressen

Die lehnende Form
zeigt einen Baum, der eine gewisse
Schräglage besitzt, wie sie in der
Natur durch Erdbewegungen oder
einen Sturm hervorgerufen werden
kann. Die Äste sollen dabei aber
ganz in der Horizontalen ausgerich-
tet sein.

Formen und Arrangieren

Die windgepeitschte Form
ist nur selten zu finden. Sie stellt
einen auf Bergen oder Klippen stehenden, einzelnen Baum dar, dessen Stamm, Äste und Zweige wie
vom ständigen Sturm gedrängt alle
in eine Richtung wachsen.

Mädchenkiefer
Ahorn

Kiefern
Azaleen

Formen und Arrangieren

Felsenpflanzungen

sind überaus beliebt, aber nicht einfach herzustellen. Auf einem Tablett mit feinem Kies oder Wasser steht ein interessanter Stein, in dessen Höhlung ein den Naturgewalten ausgesetzter und deshalb meist gewundener Baum wächst. In anderen Fällen senken sich auch die Wurzeln sichtbar bis in eine Schale mit Erde hinab. Größe und Form des Felsens müssen in einem gewissen Einklang mit der der Pflanze stehen.

Bei der Zusammenstellung ist unbedingt darauf zu achten, daß der Stein aus nicht salzhaltigen Mineralien besteht. Wenn sich kein Felsen mit einer geeigneten Höhlung finden läßt, muß diese erst mit einem Meißel herausgeschlagen werden. Mit Hilfe von kleinen Bleistückchen, die in bereits vorhandene oder noch zu bohrende Löcher geschlagen werden, lassen sich Drähte und Fäden unsichtbar verankern, mit denen wiederum die Wurzeln am Stein befestigt werden können, bis sie selbst genügend Halt gefunden haben.

Ahorn
Kiefern
Scheinzypressen

Formen und Arrangieren

Doppelstämme
bestehen aus einzelnen Bäumen, die sich kurz über dem Erdboden in zwei Stämme gabeln. Die Größe der Baumteile muß harmonisch abgestimmt sein. Meist werden hierzu Mädchenkiefern verwendet, bei denen in jungen Jahren ein kräftiger Ast und der Stamm parallel weiter herangezogen werden.

Mehrfachstämme
wirken wie kleine Baumgruppen – ähnlich wie beim Doppelstamm wachsen sie aber aus einem einzigen Wurzelsystem. Die Entstehung dieses Phänomens ist meist auf das geschickte Abmoosen eines Baumteiles zurückzuführen.

Formen und Arrangieren

Ahorn
Kiefern
Wacholder
Fichten

Kiefern
Wacholder
Fichten

Formen und Arrangieren

Die Floßform
zeigt ebenfalls mehrere separate Stämme, bei denen es sich aber ursprünglich um die Äste eines eingegrabenen und nun bewurzelten Stammes handelte. Überaus selten.

Mädchenkiefer
Fichten
Tannen
Ulmen
Buchen
Ahorn

Wälder
bestehen aus einer ungeraden Anzahl von Pflanzen, die voreinander und nebeneinander versetzt in verschiedenen Höhen und Dicken harmonisch angeordnet sein müssen. Die ungerade Anzahl der Stämme ist tatsächlich eine Bedingung, weil sich vor allem bei wenigen Pflanzen gerade Anzahlen künstlerisch kaum zufriedenstellend aufteilen lassen.

Kiefern
Zypressen
Ulmen
Ahorn
Buchen

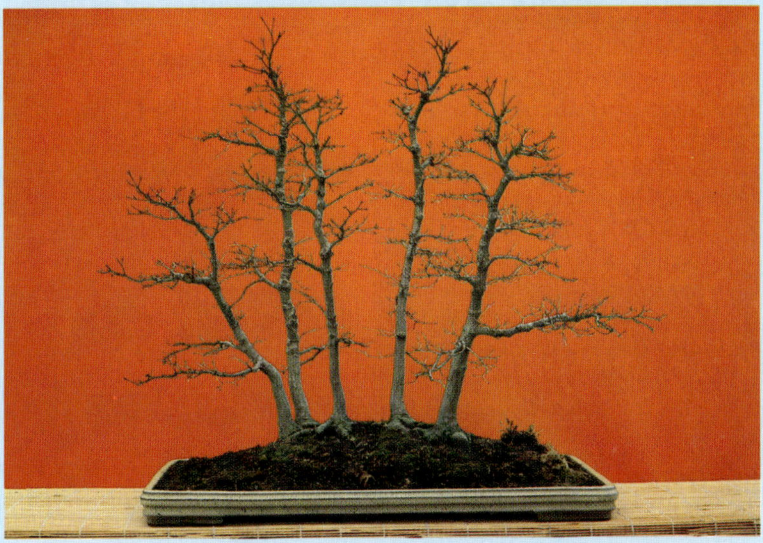

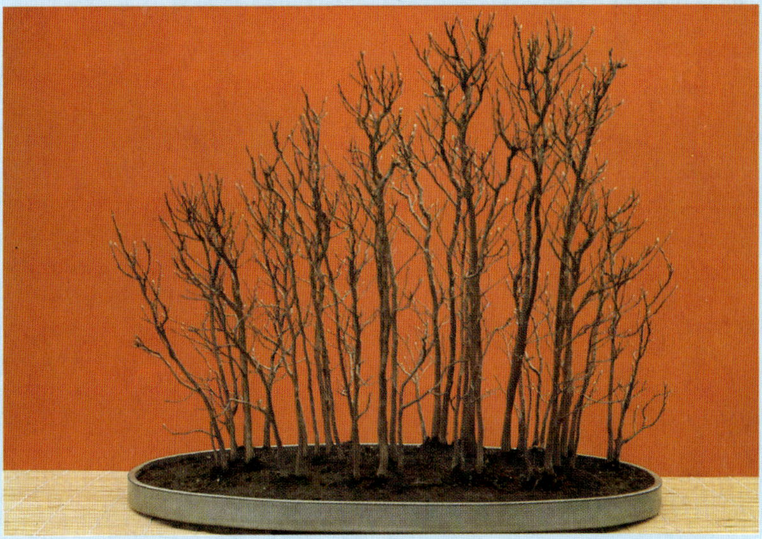

Formen und Arrangieren

Kaskaden und Semi-(Halb-) Kaskaden

muß man sich als auf Bergen stehende und den Naturgewalten ausgesetzte Bäume vorstellen, die gezwungenermaßen in der Horizontalen oder sogar ganz den Felsen hinab wachsen. Solche Bonsai stehen des optischen und statischen Gleichgewichtes wegen in sehr hohen und schlanken Töpfen.

Kaskaden können für Japaner das Gefühlsspektrum zwischen Wehmut und tiefer Trauer ausdrücken, je nachdem, wie weit sie sich neigen.

Kiefern
Wacholder, Efeu, Weiden
Obstbäume

Formen und Arrangieren

Kriterien der Formbestimmung

Die Techniken der Formgebung sind sowohl für den interessant, der mit einer Jungpflanze beginnen will, als auch für jemand, der einen in seiner Grundform bereits festgelegten Bonsai erstanden hat.

Festlegung der Grundform
Sehen Sie sich zuerst die Pflanze genau an und entscheiden Sie dann, welche Form am geeignetsten wäre. Sie muß mit letzter Konsequenz verwirklicht werden, wenn der Bonsai tatsächlich ansehnlich werden soll.

Vorder- und Rückseite
Entscheidend für deren Bestimmung sind dafür die Beschaffenheit des Stammes, die Verteilung und die Längen und Dicken der Äste sowie die der Wurzelansätze. Rechts und links des Stammes sollten die stärksten Äste belassen werden,

entfernen müssen Sie aber zu große Auswüchse nach vorne hin. Auf der Rückseite dagegen können einige Äste und Zweige zusätzlich die perspektivische Tiefe der Baumkrone betonen.

Ausdünnen
Als nächstes sollten Sie für eine gewisse Transparenz in der Krone sorgen, indem Sie überflüssige Baumteile zurückschneiden. Tun Sie dabei aber nicht zuviel des Guten, sonst erscheint auf einmal der Stamm zu gewaltig. Bei sehr jungen Pflanzen ist das Ausdünnen meist sowieso nicht nötig, bei ganz alten kann es sich auch ungünstig auswirken, wenn nämlich der Stamm schon so dick ist, daß ein gewisses Gegengewicht im Astwerk einfach vorhanden sein muß.

Entfernen müssen Sie in jedem Fall folgende Äste:
- einen von zweien, die nebeneinander parallel laufen

Die roten Markierungen zeigen die Schnittstellen an.

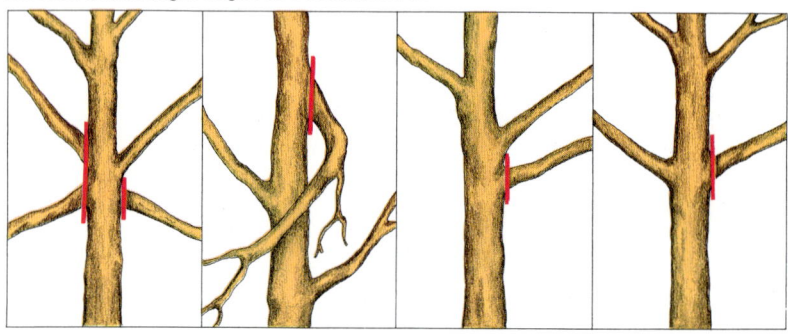

Formen und Arrangieren

- einen von zweien, die über Kreuz wachsen (in diesem Fall ist manchmal auch eine einfache Korrektur mit Hilfe eines Drahtes möglich)
- alle bis auf einen, die auf einer Höhe dem Stamm entspringen (sog. Wagenrad-Effekt)
- alle die, die einer der beiden Seiten des Stammes entspringen und dann den Stamm kreuzen
- alle die, die im untersten Viertel des Stammes wachsen

Das Entfernen der Äste kann bei dünnen einfach mit der Schere geschehen, für dickere sollten Sie eine Säge zu Hilfe nehmen. Achten Sie darauf, daß die Rinde des Stammes keinesfalls unnötig verletzt wird; schützen Sie sie in schwierigen Fällen lieber durch Umwickeln mit Stoff oder Klebeband. Der verbleibende Stumpf sollte dann mit dem kurzen Messer bis nahe an den Stamm herausgeschnitten werden. Bei älteren Bonsai kann man einen mehrere Zentimeter langen Stumpf oder gar eine Astgabel auch kunstvoll so zuspitzen, daß der Eindruck entsteht, daß hier einmal ein großer Ast abgebrochen ist, wie man es bei alten Baumriesen oft beobachten kann. So ein Stumpf, der »jin« genannt wird, kann das Alter des dargestellten Baumes wirkungsvoll unterstreichen.

Nach dem Ausdünnen der Äste sind die Zweige und Zweigspitzen an der Reihe. Vermeiden Sie durch das Beschneiden auch hier, daß Symmetrien und Wiederholungen zu offensichtlich erscheinen. Bringen Sie schließlich die Baumkrone, oder, wenn diese in mehrere Etagen gegliedert ist, die Kronenteile in einen gleichmäßigen Umriß, so daß keine einzelnen Zweige stakelig daraus hervorragen und die Gesamterscheinung verderben.

Während dünne Zweige das ganze Jahr über beschnitten werden dürfen, sollte man das Entfernen dickerer Äste am besten auf den Winter verlegen, wenn der Baum seine Ruhezeit hat.

Formkorrekturen mit Drähten und Fäden

Das Umwickeln der Äste und Zweige mit Draht ist eine modernere Art, aus geeignetem Pflanzenmaterial einen attraktiven Bonsai zu machen. Interessante Objekte sind außerdem bereits durchgeformte Bonsai, deren Form entweder so fixiert, oder aber in eine andere umgewandelt werden soll.

Was wird bezweckt?
Das Prinzip ist denkbar einfach: verschieden starke Drähte umschlingen das elastische Holz und halten es genau in der Stellung, die man durch eine Biegung festgelegt hat. Nach 1 Jahr etwa können Sie den Draht abnehmen, weil die erwünschte Form dann stabil ist. Das

Formen und Arrangieren

Drahten geschieht also nicht, wie von Laien oft angenommen, um das Größerwerden der Pflanze zu verhindern.

Wann wird gedrahtet?
Die richtige Jahreszeit zum Drahten liegt in den meisten Fällen in der Ruhezeit der Bäume zwischen Oktober und März, weil diese dann am wenigsten geschwächt werden. Lediglich einige Koniferen, wie z. B. auch die Mädchenkiefer, sollen im Frühsommer behandelt werden, wenn die Äste am meisten im Saft stehen und leichter als sonst gebogen werden können.

Welcher Draht ist geeignet?
Allgemein wird oft Kupferdraht empfohlen, der vor dem Gebrauch noch im Feuer ausgeglüht und damit weicher wird. Das hat den Vorteil, daß er dann sehr biegsam ist. Der Nachteil besteht bei Kupfer darin, daß sich auf der Oberfläche wegen der guten Leitfähigkeit galvanische Elemente bilden können, die eventuell dem Baum schaden. Eisendraht rostet unangenehm schnell und verdirbt dann die Rinde; Aluminium- oder Zinkdraht ist sehr auffällig und macht den Bonsai unansehnlich. Optimal ist ein speziell für diesen Zweck eloxierter Aluminiumdraht, der neuerdings hier und da im Bonsai-Fachhandel erhältlich ist. Eine Alternative besteht noch in der Verwendung von kunststoffbeschichtetem Draht, wie er für Gar-

Formen und Arrangieren

tenzäune in unauffälligen Farben produziert wird. Er ist nebenbei wegen seiner weichen Oberfläche sehr »rindenfreundlich«.

Je dünner Sie die Drähte wählen, desto einfacher lassen sich diese verarbeiten; andererseits müssen sie so stark sein, daß sie die Form auch fixieren können.

Und so gehen Sie beim Drahten vor

Ein Bonsai wird von unten nach oben gehend gedrahtet. Für den Stamm nehmen Sie die größte Dicke und beginnen damit, daß Sie das eine Ende zwischen den Wurzelansätzen in die Erde versenken. Das andere winden Sie in großen Bögen diagonal um den Stamm, ohne dabei aber die Rinde abzuquetschen. Wenn ein Draht nicht stark genug ist, müssen zwei genau parallel nebeneinander angebracht werden. Biegen Sie enge Windungen lieber etappenweise im Abstand mehrerer Monate heraus; wenn es dennoch irgendwo knackt, ist der betroffene Pflanzenteil so gut wie verloren. Sie können höchstens versuchen, die angebrochene Stelle eng mit Tesaband zu umwickeln.

Das Drahten der Äste und Zweige verläuft ähnlich, nur werden hierfür

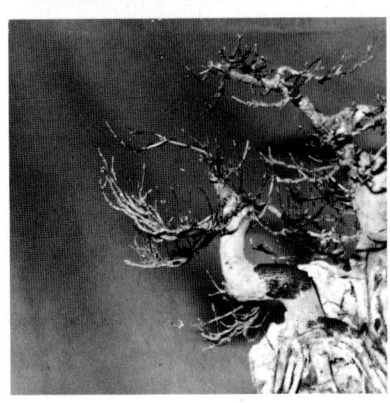

Zur Veranschaulichung wird hier ein Zweig gedrahtet und in eine günstigere Position gebracht.

Formen und Arrangieren

verschiedene dünnere Sorten verwendet. Für jeweils zwei nahe beieinander liegende Äste schneiden Sie ein etwa doppelt baumlanges Stück ab (lieber ein wenig zu lang, denn ein etwaiges Anstückeln macht ein gleichmäßiges Durchformen unmöglich), das in seiner Mitte einmal um den Stamm herum und dann nach außen hin um die Äste gewunden wird. Wickeln Sie nicht zu locker, aber auch nicht so fest, daß Rinde beschädigt wird. Nachdem beide Äste soweit wie möglich zu ihrer Spitze hin gedrahtet sind, folgen (wahrscheinlich mit einem dünneren Draht) zwei beeinanderliegende Zweige, die von einem der beiden Äste ausgehen, und so fort. Die Enden sollten Sie immer zweimal um das Holz herumführen und dann abkneifen, es darf sich in der Statik des Drahtsystems nicht ein Stück lockern können. Wenn ein Zweig zu schwierig zu drahten ist, lassen Sie ihn lieber aus und gehen später noch einmal daran, wenn sich Ihre Technik perfektioniert hat.

Nach dem Drahten das Formen
Zum Schluß wird der Baum bis in die letzte Zweigspitze in die vorgesehene Form gebracht. Die meisten Koniferen und viele ältere Laub-

Das Rohmaterial, in diesem Fall eine Mädchenkiefer, erhält durch das Drahten eine harmonische und klare Form.

Formen und Arrangieren

bäume gewinnen durch ein etagenförmiges Anordnen ihres Laubes erheblich an Schönheit. In der Natur ist dies zu beobachten, wenn ein oder mehrere Äste so gewachsen sind, daß das Laubwerk wolkenförmige Büsche bildet, die in vielen Größen und Formen abgestuft und klar voneinander getrennt erscheinen. Für Bonsai wird dieses Phänomen aufgegriffen und idealisiert. Zunächst zieht man dazu einen gedrahteten Ast in Stammnähe etwas herab und führt dann die fächerförmig auseinandergehenden Zweige in Windungen so zusammen, daß sie eine dichte »Decke« bilden, die an einigen Stellen nach oben – und nur nach oben – Auswölbungen zeigen kann. Von vorne betrachtet müssen die Etagen an ihrer Unterseite einen geraden Abschluß zeigen.

Ein Punkt ist bei der Durchformung noch zu beachten: Nahezu alle jungen und kräftigen Gehölze haben als Charakteristikum mehr oder weniger steil nach oben wachsende Äste, während alte Baumriesen durch herabhängende Äste geprägt sind. Umgekehrt können Sie bei der Bonsaikultivierung einem allzu wuchsfreudigen Ast viel Kraft dadurch nehmen, daß Sie ihn nach unten ziehen. Wenn beim Drahten aber die Spitzen sämtlicher Zweige nach unten gedrückt werden, bedeutet das eine zu große Schwächung für den Baum. Biegen Sie die Zweigspitzen also wenn möglich zu

ihrem Ende hin wieder leicht nach oben. Bei Kiefern gehört es übrigens zu einer vollkommenen Durchformung, daß sämtliche Triebspitzen genau senkrecht nach oben zeigen.

Die weitere Behandlung

Von den Strapazen des Durchformens geschwächt, muß der Bonsai einige Wochen vor Sonne und Wind geschützt sowie mehrmals täglich ausgiebig besprüht werden. Unterlassen Sie es jetzt zu düngen oder Insektizide zu verwenden; auch das Umtopfen müssen Sie um einige Wochen verschieben. Ebenso dürfen frisch umgetopfte Bonsai nie anschließend gedrahtet werden.

Das Entdrahten

Nach einem Jahr, spätestens aber dann, wenn der Draht in die Rinde einzuschneiden droht, muß er abgenommen werden. Dabei geht man einfach genau umgekehrt in der Reihenfolge vor: zuerst die ganz dünnen an den feinsten Zweigen abwickeln und dann langsam nach innen vorarbeiten. Den dicksten Draht sollten Sie alle paar Zentimeter mit der Zange kappen, weil bei seiner Entfernung nur allzu leicht die Äste brechen.

Bereits eingewachsener Draht muß mit größter Aufmerksamkeit abgenommen werden. Er läßt sich, ohne gravierende Schäden zu hinterlassen, auch dann noch entfernen, wenn er fast zur Hälfte vom Holz

Formen und Arrangieren

umschlossen ist. Wenn es noch später ist, sollte man ihn doch lieber ganz einwachsen lassen. Das ist zwar unangenehm in Hinblick auf die Narben, die immer bleiben werden, aber der Bonsai wird keine außergewöhnlichen Schäden dadurch erleiden. In der Natur würde so ein Baum an der betreffenden Stelle früher oder später von einem Sturm abgeknickt werden.

Wenn es sich nach dem Entdrahten herausstellt, daß nochmals Korrekturen nötig sind, müssen Sie die betreffenden Stellen neu umwickeln.

Faden-getrimmte Bonsai

Einige Bonsai-Gärtnereien arbeiten mit Fäden, weil sie sich schonender für die Baumrinde und weniger nachteilig für die Gesamterscheinung während der Formgebung auswirken. Ganz dünne Fäden eignen sich hervorragend für kleinere Korrekturen im Astwerk, lediglich für sehr strenge und gerade Formen sind Drähte zweckmäßiger. Das Trimmen mit Fäden ist weitaus zeitraubender als das Drahten, denn während ein einziger Draht viele Windungen in alle erdenklichen Richtungen kontrollieren kann, erfaßt ein Faden zwischen zwei Punkten gespannt immer nur eine Dimension, so daß also mehrere Fäden notwendig sind, um einen einzigen Effekt herauszuholen. Bei kommerziell hergestellten Bonsai schlägt sich das natürlich im Preis nieder. Die im Fachhandel relativ

seltenen Faden-Bonsai besitzen zumeist eine sehr dynamische S-Form mit vielen Windungen im Astwerk, die zwar ziemlich unnatürlich erscheint, durch eine gewisse Harmonie dann aber doch anspricht.

Das Beschneiden der Triebe

Dieses Kapitel der Bonsai-Kultur ist genauso interessant wie wichtig. Das Beschneiden geschieht aus vielerlei Gründen:

- Das Kürzen der Triebe verhindert ein übermäßiges Wachstum der Pflanze im ganzen.
- Der Baum verzweigt sich häufiger, die Krone wird also dichter.
- Durch das Beschneiden werden die in den Blattachseln versteckten »schlafenden Triebe« geweckt und zum Wachstum angeregt; diese haben dann etwas kleinere Blätter und sind im Ganzen feiner.
- Das Beschneiden fördert ein gleichmäßiges Wachstum, indem es verhindert, daß einige besonders kräftige Triebe einen Großteil der Wuchskraft für sich verbrauchen, während schwächere sich kaum entfalten können.
- Bonsai, deren Attraktivität in der Herausbildung von Blüten oder Früchten liegt, brauchen das Beschneiden für eine reichliche Entwicklung ihres Schmuckes.

Formen und Arrangieren

Wann und wie das Beschneiden vorgenommen wird, ist abhängig von der Art des Gehölzes. Im einzelnen sehen die Empfehlungen dazu folgendermaßen aus:

Mädchenkiefer
Bringt, anders als in Japan, bei uns nur einen Austrieb im Jahr. Entfernen Sie also höchstens überflüssige Triebe, vor allem, wenn mehrere an einem Punkt zusammenstehen.

Ebenso können Äste, die besonders wuchsfreudig sind, durch das Halbieren oder Abnehmen der Kerzen (so werden die Austriebe bei Kiefern genannt) gebremst werden. Das Entfernen oder Kürzen muß im Frühsommer geschehen, wenn die Kerzen eine Länge von mehreren Zentimetern erreicht haben, aber noch bevor sie sich öffnen.

Sonstige Kiefern
Treiben meist zweimal im Jahr. Nehmen Sie im Juni alle die Kerzen ganz weg, die ein kräftiges Wachstum zeigen, und zwar mit den Fin-

gernägeln oder einer Schere. Einige Wochen später erscheinen mehrere neue Knospen an der gleichen Stelle, werden aber nicht ganz so groß. Lassen Sie aber höchstens 2 oder 3 davon sich ganz entwickeln, weil der Baum sonst zu leicht »verwächst«.

Tannen, Fichten und Wacholder
Frische Triebe müssen regelmäßig gekürzt werden, am besten vorsichtig mit den Fingernägeln oder durch einfaches Abdrehen.

67

Formen und Arrangieren

Ahorn, Ulmen und Buchen

In der Wachstumsperiode regelmäßig alle frischen Triebe bis auf das zweite oder dritte Blatt zurückschneiden.

Blühende und früchtetragende Gehölze

Schneiden Sie die meisten Triebe sofort ganz zurück, eine gewisse Anzahl aber lassen Sie unbeeinflußt wachsen. Erst im Herbst dürfen Sie dann allzu lang gewordene Zweige kürzen, auf keinen Fall aber zu viele, da sonst die Pflanze im nächsten Jahr nicht reichlich blühen kann.

Die Blattschnittmethode

Diese Methode nutzt ein weiteres interessantes botanisches Phänomen für die Zwecke der Bonsai-Kultur aus. Sie wird beispielsweise bei allen Ahorn- und Ulmenarten angewendet und zielt auf die Herausbildung feiner und dichtwachsender Zweigspitzen bei dicken Stämmen und Ästen. Außerdem sind auf diese Weise kleinere Blätter (wenn auch nur jeweils für den betreffenden Sommer) erreichbar.

Und so geht man dabei vor
Schneiden Sie im Frühjahr nach der abgeschlossenen Entwicklung aller Blätter von jedem einzelnen die Blattfläche mit einer scharfen Schere ab, so daß schließlich nur noch Blattstiele vorhanden sind. Einige Wochen später werden diese beginnen zu vertrocknen und dann abfallen. Sie haben damit dem Baum künstlich einen vorzeitigen Herbst vorgetäuscht und erreichen damit, daß er nach einigen Wochen einen »zweiten Frühling« erlebt, indem nämlich schlafende Triebe geweckt werden und schnell neue Blätter entstehen. Diese sind dann aber, wie schon gesagt, nicht so groß wie die zuvor, und was auf lange Sicht noch interessanter erscheinen muß: es lassen sich so viele feine Verzweigungen in einem Sommer erreichen, wie sonst nur in zweien. Bei entsprechenden klimatischen Bedingungen, wie sie in Japan vorhanden sind, kann man die Blattschnittmethode in einem Jahr mehrmals hintereinander anwenden.

Wichtig
Der beschnittene Bonsai muß einige Wochen vor heißer Sonne und starkem Wind geschützt und möglichst mehrmals täglich ausgiebig besprüht werden. Eine flüssige Düngergabe vor und nach dem Blattschnitt unterstützt die Pflanze bei der Überwindung der ungewohnten Schwächung.

Wenden Sie die Blattschnittmethode nur bei gesunden Bonsai an, auf keinen Fall kurz nach dem Umtopfen oder Drahten! Schwächere Äste können schonender behandelt werden, indem Sie nicht die ganze Blattfläche abschneiden, sondern nur etwa die Hälfte.

Kaufen oder selbermachen

An diesem Punkt haben Sie alles grundlegend Wissenswerte über den Hintergrund, die Pflege und die Formgebung von Bonsai erfahren. Sie haben vielleicht schon eigene Vorstellungen um den zentralen Bonsai-Gedanken entwickelt: die Möglichkeit, ein lebendes Kunstwerk zu schaffen mit den Mitteln der eigenen Phantasie und Geschicklichkeit – Hand in Hand mit der Ausnutzung der natürlichen Schönheit der Pflanze.

Die Forderungen an den bonsaiinteressierten Hobbygärtner, nämlich die Entwicklung spezieller gärtnerischer Fähigkeiten sowie ein gewisses ästhetisches Bewußtsein, machen dabei die Problematik und gleichzeitig den besonderen Reiz aus. Manchen reizt dabei mehr der künstlerische Aspekt, andere wiederum können sich eher für das botanische Wunder Bonsai begeistern.

Soll ich nun meinen Bonsai im Laden kaufen – oder soll ich versuchen, selber an die Herstellung zu gehen?

Der erste Bonsai sollte vor allem nicht allzu wertvoll und kompliziert sein. Jeder Anfänger macht einmal irgendwelche Fehler, und die können durchaus verheerende Wirkungen auf das Wohl des kleinen Schützlings haben, wie etwa das gutgemeinte »In-die-Wohnung-Stellen«, wenn es draußen regnet oder kalt ist.

Der gekaufte, fertige Bonsai
Er hat gewisse Vorteile:
- Sie können sich zunächst ganz auf die reine Pflegearbeit konzentrieren und allmählich etwas über die Bedürfnisse der Pflanze erfahren, was beispielsweise den Wasserbedarf angeht.
- Sie können an Ihrem Musterstück nach dem Motto »Sehen und Begreifen« durch intensive Beobachtung einiges über sachgerechte Drahtung und Formgebung erlernen.
- Sie vermeiden eventuelle Enttäuschungen bei mißlungenen Eigenproduktionen.

Die andere Möglichkeit
Trotzdem sollten Sie nicht zögern, eines Tages selbst eine Pflanze zu einem Bonsai heranzuziehen; ihre Beziehung zu ihm kann sich dann allmählich und viel tiefgehender entwickeln. Echte Individualisten unter den Bonsai-Freunden werden sich ohnehin nicht mit vorgegebenen Formen zufriedenstellen lassen und früher oder später eigene Versuche starten.

Und die Möglichkeiten dazu stehen durchaus nicht schlecht: Machen

Fächerahorn *(Acer palmatum)*, ca. 20 Jahre alt. Ovale Keramikschale 32 × 23 cm. Gesamthöhe 71 cm.

Kaufen oder selbermachen

Sie Erkundungsgänge in bergigen Waldgebieten und beobachten Sie die natürlichen Wuchsformen der jeweiligen Flora. Vielleicht finden Sie außergewöhnlich interessante Bäume, die entweder als Vorbild, oder sogar als Rohmaterial für einen selbstgeschaffenen Bonsai dienen könnnen. Besuchen Sie gute Baumschulen und halten Sie dort Ausschau nach geeigneten Pflanzen. Erfolgversprechend sind beispielsweise einige Scheinzypressen (z. B. *Chamaecyparis obtusa nana gracilis*), Buchen und Birken, sowie manche Freilandazaleen. Suchen Sie aus einem möglichst großen Angebot Ihre »Bäumchen« aus nach den Kriterien:

- dicker Stamm
- buschige Krone (bei veredelten Sorten)
- kleine und unauffällige Pfropfnarben

Die aus dem Boden genommenen Gehölze müssen möglichst bald eingetopft, eventuell vorher noch an den Wurzeln und Zweigen beschnitten werden. Die optimale Jahreszeit dafür ist in jedem Fall das zeitige Frühjahr.

Bonsai fürs Zimmer
Es gibt in Deutschland tatsächlich relativ wenig Erfahrungen auf dem Sektor Bonsai, und schon gar nicht, was das Selbermachen angeht. Sie können da also noch echte Pionierarbeit leisten. Vielversprechend wären beispielsweise Bemühungen um Bonsai, die längere Zeit oder ganz im Zimmer zu halten wären. Natürlich kann das nicht mit den herkömmlichen Gehölzen unserer Breiten geschehen; ich denke da viel mehr an subtropische oder noch besser tropische Gewächse mit einem Stamm und kleinen Blättern. Ich selbst habe recht gute Erfahrungen mit Zimmerazaleen, Kamelien, Kleinblättrigen Gummibäumen *(Ficus benjamina)* und Myrten gemacht. Die ungewöhnlichste Bonsai-Pflanze – hin und wieder in Japan kultiviert – ist ein Palmfarn *(Cycas revoluta),* auch Sagopalme genannt, die ebenfalls problemlos im Zimmer zu halten ist.

Preis und Wert eines Bonsai

Preisbestimmend ist bei den hier im Handel befindlichen Bonsai in erster Linie die bisher daran geleistete **Arbeit** und damit indirekt das **Alter** der Pflanze. Indirekt deshalb, weil Laubbäume wesentlich mehr Arbeitsaufwand wegen des häufigen Beschneidens erfordern, als andererseits die meisten Koniferen.

Japanische Azalee *(Azalea japonica),* ca. 20 Jahre alt. Ovale Keramikschale 40 × 30 cm. Höhe 45 cm.

Kaufen oder selbermachen

Natürlich spielt auch die Frage der **Qualität** eine gewisse Rolle, allerdings kaum bei sehr jungen Bonsai, die wohl auch noch einige Jahre marktbestimmend sein werden. Der zweite preisbestimmende Faktor sind die **Transportkosten,** die sich natürlich bei billigeren Bonsai prozentual viel eher niederschlagen als bei echten Prachtstücken. Während vor einigen Jahren noch strenge Quarantänevorschriften für Bonsai existierten, die mit kompletten Ballen importiert wurden, ist heute die Einfuhr etwas vereinfacht. Damals wurden die Gesetze, die sonst eine Lieferung ein Jahr lang im Gewächshaus des Importeurs festliegen ließen (und dadurch zusätzlich immense Kosten entstehen lassen mußten), dadurch umgangen, daß man einfach die Erde von den Wurzeln abwusch. Gegen solche Bonsai hatten die Behörden zwar nichts einzuwenden, dafür gingen aber die Pflanzen in Massen ein.

Mit dem Schiff in Europa angekommen, werden die Pflanzen zunächst einmal eingetopft. Auch diese **Bonsai-Schale** schlägt sich je nach Qualität im Preis nieder. Nicht zuletzt aber wollen die Einzelhändler ihren Teil verdienen, denn Bonsai stehen als totes Kapital oft eine ganze Weile im Laden und lassen sich nicht wie normale Blumentöpfe ohne eine gewisse Beratung verkaufen. Dennoch gibt es mancherorts noch immer Bonsai knapp unter 100 DM zu kaufen. Wenn Sie dann aber bereit sind, noch einmal etwa die Hälfte dazuzulegen, bekommen Sie meist schon einen ungleich schöneren Baum dafür. Sie fahren bei älteren und teureren Bonsai also fast immer relativ besser.

Bonsai als Kapitalanlage?

Das für einen Bonsai angelegte Geld ist bestimmt nie zum Fenster hinausgeworfen, wenn Sie nicht selbst durch die Mißachtung der elementarsten Grundregeln des Gießens und der Aufstellung für sein frühzeitiges Dahinscheiden sorgen. Bonsai gewinnen sogar ständig in einem nicht unerheblichen Maße an Wert.

Auf der einen Seite steht der rein reale Wert. Er wird bestimmt durch Alter, Qualität und Schönheit des Baumes. Anders als normale Kunstwerke lebt der Bonsai aber, wird älter und gewinnt laufend in seiner ästhetischen Aussagekraft dazu. Das ist aber nicht der einzige Grund für den permanenten Wertzuwachs. Die Sache Bonsai hat in Europa festen Fuß gefaßt, das Vertrauen der Importeure in eine langfristige Entwicklung, also nicht der Glaube an einen kurzen Trend, ist durch umfangreiche Investitionen glaubhaft belegt. Während sich aber in der ganzen westlichen Welt allmählich ein Markt entwickelt, schrumpfen in Japan rapide die Vorräte an alten Bonsai. Vor längerer Zeit wurden

Kaufen oder selbermachen

von höherer Stelle aus bereits die Grenzen für den Export von wirklichen Spitzenstücken geschlossen. In absehbarer Zeit wird auch bei den mittleren Preisklassen ein echter Engpaß entstehen, der sich wahrscheinlich in irrsinnigen Preissteigerungen bemerkbar machen muß. Gute Bonsai sind deshalb schon heute als eine überaus vielversprechende Kapitalanlage anzusehen.

Neben dem realen Wert eines Bonsai steht aber wunderbarerweise auch noch sein ideeller. Wenn sich erst eine echte Beziehung des Besitzers zu seinem mit vielen Geschichten und Erlebnissen verbundenen Baum entwickelt hat, wird dieser kaum noch über den materiellen Wert nachdenken, ähnlich wie es in Japan seit vielen Jahrhunderten in den Familien der Fall gewesen ist.

Wo und wie kauft man am besten?

Kaufen Sie nicht einfach den ersten besten Bonsai, wenn Ihnen an Schönheit und Qualität etwas liegt.

Die Saison beginnt im Winter

Wahrscheinlich finden Sie am ehesten Ihre Pflanze in einer besonders großen Auswahl, und die existiert meistens in den Wintermonaten, da dann die Transportschiffe aus Japan kommen. Bonsai werden nämlich – Stück an Stück in Kisten gepackt und mit feuchtem Moos umhüllt – während der ganzen sechs Wochen dauernden Reise nicht ein einziges Mal gegossen, was aus praktischen Gründen ganz einfach nicht möglich wäre. Nur bei einer Temperatur von möglichst genau 4°C ist solch ein Transport durchzuführen, ohne daß irgendwelche Schäden entstehen, also eben am besten im Winter.

Fachgeschäfte empfehlen sich von selbst

Wenn es auch in vielen Gartencentern und sogar Supermärkten schon Bonsai-»Wühltische« mit Billigposten gibt, sollten Sie doch sicherheitshalber Fachgeschäfte vorziehen, wo Ihnen eine Beratung angeboten wird. Hier können Sie im Idealfall später auch Bonsaidünger, Erden, Schalen und echte japanische Werkzeuge bekommen. Wenn Ihnen auch von keinem Händler der Welt eine Garantie für einen Bonsai gegeben werden kann, ganz einfach weil Bonsai lebende Wesen sind und, einmal verkauft, eben der Verantwortung des neuen Besitzers unterstehen, so hat die betreffende Firma dennoch die Pflicht, Ihnen wenigstens die Grundlagen der von normalen Topfpflanzen abweichenden Bonsaipflege zu vermitteln, insbesondere muß darauf hingewiesen werden, daß der teure Bonsai keine Zimmerpflanze auf Dauer ist. Ansonsten kann Ihnen kein Recht auf Reklamationen gleich welcher Art

Kaufen oder selbermachen

zugestanden werden. Aus diesem Grunde sollten Sie beim Kauf selbst ein wenig auf den Zustand der Pflanze schauen und sich dabei an folgende Empfehlungen halten:

- Der Bonsai sollte fest in seinem Topf stehen, ohne zu wackeln. Tut er das nicht, ist entweder etwas mit seinem Wurzelsystem nicht in Ordnung, oder er ist erst in letzter Zeit importiert und eingetopft worden. In diesem Fall ist der Baum zwar nicht krank, aber noch etwas geschwächt und müßte eine gewisse Zeit entsprechend behandelt werden. Wenn die Wahl zwischen mehreren Bonsai besteht, sollten Sie solche Pflanzen lieber stehenlassen.

- Das Laub muß frisch und grün aussehen. Eventuelle Flecken auf den Blättern können auf Schädlinge oder Krankheiten hinweisen. Die Nadeln der Koniferen dürfen sich nicht trocken oder gar strohig anfühlen.

- Achten Sie auf angeknackste Äste und trockene Zweige!

Kaufen oder selbermachen

Vor längerer Zeit eingetopfte und damit bereits durchwurzelte Bonsai dürfen durchaus einmal vorsichtig aus dem Topf genommen werden. Wenn Sie tatsächlich kaufinteressiert sind, wird der Händler in den meisten Fällen gerne in ihrem Beisein den Zustand der Wurzeln prüfen. Diese dürfen nicht dunkelbraun und matschig weich sein, denn dann liegt – aus welchem Grund auch immer – eine Wurzelfäule vor. Wirklich minderwertige Bonsai kommen glücklicherweise nur recht selten im Angebot der Fachgeschäfte vor, aber besser ist es, man schützt sich davor.

Das Aufarbeiten eines gekauften Bonsai

Nun werden Sie sich mit Recht fragen, ob ein teurer Bonsai denn nicht auch ganz fertig zum Verkauf kommen sollte.
Jeder Bonsai, der von Japan nach Europa exportiert wird, hat bereits eine Grundform erhalten oder ist genauso perfekt durchgeformt, wie das bei älteren und wertvollen Pflanzen der Fall ist. Sie können sich aber privat viel mehr mit Ihrer Pflanze beschäftigen und eine Reihe von Kunstgriffen vornehmen, die den Bonsai im Detail und im Gesamteindruck noch um einiges gewinnen lassen. Oft stecken gerade in billigeren Exemplaren noch ungeahnte Reserven an Möglichkeiten.

Baumkrone

Da Bonsai dicht an dicht in Kisten gepackt auf die Reise gehen, passiert es fast in jedem Fall, daß die kunstvoll mit Hilfe von Draht arrangierten Äste und Zweige mehr oder weniger stark »verbogen« werden. Die Händler geben sich zwar alle Mühe, das sofort wieder in Ordnung zu bringen, aber bei einer großen Menge von Bäumen übersieht man leicht einmal einige Mängel. Versuchen Sie also, die ursprünglich herausgearbeitete Form wiederherzustellen, oder korrigieren Sie so lange, bis Sie ein interessantes und harmonisches Bild erhalten. Bei Mädchenkiefern beispielsweise können Sie relativ einfach eine Etagenform erreichen, wenn Sie jeden Ast zuerst leicht herabbiegen und seine Zweige dann auf eine Höhe bringen.
Ist der Draht an einigen Stellen schon leicht in die Rinde eingegraben oder verrostet, sollten Sie ihn bald entfernen. Der Bonsai muß nicht sofort wieder gedrahtet werden, wenn Sie aber etwas ändern wollen, reichen oft auch einige Fäden oder nur wenige Drähte.

Japanische Ulme – dasselbe Exemplar ohne und mit Laub (siehe auch Seite 94).

Kaufen oder selbermachen

Laubbäume sehen wegen Ihres schnellen Wachstums nicht selten ziemlich wüst und verwahrlost aus, wenn sie nicht beim Groß- und Einzelhändler regelmäßig beschnitten worden sind. Schneiden Sie also lange und stakelige Zweige so weit zurück, bis sich wieder eine geschlossene Baumkrone zeigt. Betrachten Sie dann Ihren Baum einmal sehr sorgfältig und überlegen Sie, welche Äste eventuell das Gesamtbild stören und entfernt werden müssen. Dünnen Sie allzu dicht gewordene Stellen aus, um eine größere Transparenz zu erreichen.

Kaufen oder selbermachen

Stamm

Beseitigen Sie etwaige Aststümpfe mit einem scharfen Messer, oder spitzen Sie sie kunstvoll zu (»jin«).

Wurzeln

Beim Eintopfen werden oft die für den Gesamteindruck überaus wichtigen Wurzelansätze vergessen. Der Stamm darf nicht einfach übergangslos wie ein Pfahl in der Erde stecken, sondern muß einen harmonischen Übergang bilden. Legen Sie also die Wurzelansätze sehr vorsichtig mit Hilfe der Holzstäbchen und der Sprühflasche frei. Sie dürfen zwar eine begrenzte Anzahl von störenden Haarwurzeln abschneiden, die zu weit oben am Stamm entspringen, sollten aber nicht zu weit in den Ballen vordringen, wenn sich noch keine dicken Ansätze gebildet haben.

Topf

Wenn der erworbene Bonsai eine einfache Universalschale besitzt, die vielleicht in Größe und Form unpassend erscheint, sollten Sie auf keinen Fall mit dem Kauf einer besseren zögern, denn diese kann erheblich zu einem überzeugenden Gesamtbild beitragen.

Setzen Sie den Baum vorsichtig um, ohne den Ballen auseinanderfallen zu lassen, wie es leicht geschieht, wenn die Pflanze frisch importiert und eingetopft worden ist.

Fächerahorn *(Acer palmatum)*, ca. 50 Jahre alt. Ovale, glasierte Schale 55 × 40 cm. Höhe 105 cm.

Pflegeanleitungen

Nadelbäume

Pinus pentaphylla
Mädchenkiefer

Die Mädchenkiefer, auch Blaue Mädchenkiefer genannt, ist die beliebteste Bonsaipflanze schlechthin. Es gibt eine große Anzahl verschiedener Sorten mit silbrigen, goldenen, dunklen und blassen Nadeln, die entweder lang und bogig oder kurz, dünn und gerade sein können. Auch die Rindenform reicht von fein bis rauh. Für Bonsai am besten geeignet ist die Sorte mit überaus feinen und dichtwachsenden Nadeln, deren Kennzeichen der silbrigweiße Streifen ist. Sie ist von Natur aus leicht zwergwüchsig und verzweigt sich sehr häufig mit kurzen Abständen zwischen den einzelnen Gabeln. Die Mädchenkiefer hat einen eleganten und fast graziösen Wuchs, was die Japaner dazu verleitet, ihr eine »feminine Erscheinung« zuzuschreiben.

Vermehrung und Anzucht
Wegen des überaus langsamen Wachstums werden meist Pfropfungen vorgenommen, die es beschleunigen sollen. Die Vermehrung durch Samen oder Stecklinge erfordert viel Geduld; das Sammeln in der Natur kommt außerhalb Japans kaum in Frage.

Stilrichtungen
Die Mädchenkiefer eignet sich hervorragend für jede erdenkliche Form. Das Drahten oder Schnüren soll im Winter geschehen.

Pflege und Beschneiden
Die Pflanze soll viel der Sonne ausgesetzt, aber auch reichlich gegossen werden. Häufiges Besprühen im Sommer ist dann besonders wichtig.
Düngegaben sind einmal im Frühjahr und einmal im Herbst notwendig, dazu wird jedesmal ein Eßlöffel Hornspäne oder Rapsschrot verwendet.
Lassen Sie die sich im Frühling entwickelnden Kerzen entweder ganz ungehindert wachsen oder kürzen Sie an bestimmten Stellen durch Abdrehen oder einen Schnitt soviel ab, wie die Zweige dort eben nur wachsen sollen. Auf jeden Fall sollten Sie mehrere an einem Punkt erscheinende Triebe nicht unberührt lassen, sondern bis auf 1 oder 2 die übrigen ganz entfernen. Im ersten Jahr nach dem Import aus Japan oder nach dem Umtopfen wachsen die Kerzen etwas länger, auch die Nadeln sind dann oft nicht ganz so kurz.

Mädchenkiefer *(Pinus pentaphylla)*, ca. 40 Jahre alt. Glasiertes Keramikgefäß 36 × 25 cm. Gesamthöhe 65 cm.

für die wichtigsten Bonsai-Pflanzen

Im Herbst wird ein Teil der Nadeln schlagartig gelb und kann dann vorsichtig abgenommen werden. Zur gleichen Zeit, eventuell auch im zeitigen Frühjahr, kann das Beschneiden überflüssiger Äste vorgenommen werden.

Umtopfen

Alle 3–4 Jahre, bei älteren Pflanzen eventuell noch seltener; der richtige Zeitpunkt ist das Frühjahr. Ein Lehmboden mit etwa 30% Sand ist optimal, er soll zum Abschluß gut festgedrückt werden.

Pflegeanleitungen

Pinus thunbergii
Schwarzkiefer

Schwarzkiefern sind in Japan als
Bonsaipflanze beinahe genauso beliebt wie die Mädchenkiefer. Allgemein sind ihre Nadeln um ein gutes
Stück länger und dicker. Gerade
der künstlerische Aspekt ist aber
für manch einen fortgeschrittenen
Bonsaifreund eine Eigenschaft, die
einen Schwarzkiefer-Bonsai besonders wertvoll macht. Ein weiterer
Faktor der Schönheit dieser Pflanze
liegt in der einzigartigen Ausbildung
der Rinde bei der Varietät *contorta.*
Je älter diese Bäume werden, desto
phantastischer und bizarrer bildet
sich ihre dicke und korkartige Borke
heraus, die es um jeden Preis zu erhalten gilt.
Der Schwarzkiefer wird wegen ihres
wuchtigen Stammes und den streng
aufrechtstehenden Nadeln in Japan
ein eher maskuliner Ausdruck be-
scheinigt. Sie ist sehr einfach zu
pflegen und trotzt wie die Mädchenkiefer auch großer Kälte.

Vermehrung und Anzucht
Ideal erscheint das Ausgraben geeigneter Pflanzen in Gebirgen. Bei
uns gibt es zwar nicht die gleichen
Varietäten wie in Japan, aber durchaus auch ähnliche Erscheinungsfor-
men. Ansonsten sind Samen- und
Stecklingsvermehrungen üblich.

Stilrichtungen
Streng aufrechte oder auch leicht
gewundene Formen sind wegen der

Erscheinung des Baumes am ehesten geeignet.
Bei der Verwendung von Drähten
und Fäden ist bei der dickrindigen
Sorte sorgfältig darauf zu achten,
daß die Borke nicht abbricht. Die
beste Zeit zum Drahten liegt vor
dem Austrieb der neuen Knospen
im zeitigen Frühjahr.

Pflege und Beschneiden
Die Schwarzkiefer braucht viel
Sonne und soll immer feucht gehalten werden. Überbrausen Sie am
besten stets die ganze Pflanze und
sprühen Sie zusätzlich bei großer
Hitze.
Die Düngung soll ähnlich wie bei
der Mädchenkiefer erfolgen, darf
aber wegen des starken Wachstums auch dreimal jährlich geschehen. Das Beschneiden der Knospen
erfolgt im Frühjahr, nachdem sich
diese entwickelt haben. Sie werden
vollständig entfernt; an der gleichen
Stelle treiben Wochen später mehrere neue, die aber nie die gleiche
Größe erreichen.
Äste und Zweige können Sie im
März oder September kürzen; im

Schwarzkiefer *(Pinus thunbergii)*, ca. 25 Jahre
alt. Glasierte Keramik 36 × 28 cm. Gesamthöhe 65 cm.

Herbst sollten Sie auch eventuell unansehnlich gewordene Nadeln auszupfen.

Umtopfen

An und für sich gelten die gleichen Regeln wie für die Mädchenkiefern: Während junge Bonsai alle 3 Jahre an den Wurzeln beschnitten werden müssen, sind später Intervalle von bis zu 5 Jahren empfehlenswert, damit die Nadeln nicht zu groß werden.

Schädlinge

Jüngere Schwarzkiefern werden ab und zu von der Roten Spinne, Raupen und Wolläusen heimgesucht. Insektizide in geringer Konzentration spritzen!

Pflegeanleitungen

Picea glehnii
(P. jezoensis, P. sitchensis)
Fichte

Diese speziell für Bonsai geeigneten Arten zeichnen sich durch ein langsames Wachstum, besonders feines und dichtes Laubwerk, sowie eine interessante und sehr rauhe Borke aus. Das geringe Wachstum ist zum Teil durch eine entwicklungsgeschichtliche Anpassung an kalte Territorien zu erklären.

Vermehrung und Anzucht
Auch in diesem Fall ist es durchaus empfehlenswert, einmal in gebirgigen Landstrichen nach verkrüppeltem Rohmaterial zu suchen. Das Abmoosen nimmt – im Vergleich zu Kiefern – nur etwa ein halbes Jahr in Anspruch. Bei entsprechender Temperatur und Luftfeuchtigkeit können auch bis zu 15 cm lange Stecklinge geschnitten werden.

Stilrichtungen
Sehr viele Möglichkeiten, besonders Gruppen- oder Waldformen. Das Drahten kann im Winter geschehen, bei jüngeren Zweigen auch schon vorher.

Pflege und Beschneiden
Die Aufstellung der Pflanze geschieht – genau wie bei Kiefern – ideal bei viel Sonne.
Beim Reifen der Knospen im Frühjahr soll nach Möglichkeit etwas weniger gegossen werden, im Sommer dann aber wieder reichlich. Häufig besprühen!
Die Düngung gleicht der bei Kiefern.
Das Beschneiden der Triebe muß sehr regelmäßig alle Wochen geschehen, damit diese nicht zu lang und stakelig, sondern fein verzweigt werden. Beschneiden der holzigen Teile im Winter.

Umtopfen
Bei jungen Pflanzen alle 2 Jahre, später auch seltener; der richtige Zeitpunkt liegt im April.

Cryptomeria japonica
Sicheltanne, Japanische Zeder

Während man die Sicheltanne bei uns fast nie findet, ist sie in Japan eine der wichtigsten Bonsai-Pflanzen. Der Baum macht einen überaus kräftigen Gesamteindruck, ist widerstandsfähig und zeichnet sich durch kleine, dichtwachsende Nadeln, eine feine Verzweigung und eine attraktive, rauhe Borke aus. Die Farbe des Laubwerkes wechselt mit den Jahreszeiten.

Vermehrung und Anzucht
Normalerweise ist die Vermehrung durch Samen oder Stecklinge üblich, wobei die Stecklingspflanzen einen Vorsprung von etwa 3 Jahren haben.
Sie können aber selbst auch in den Bergen nach geeigneten Ausgangspflanzen mit besonders kleinen Nadeln suchen, die zwar mit der japanischen Cryptomerie wenig zu tun haben, vielleicht aber genauso erfolgversprechend sind.

Stilrichtungen
Wegen der allgemein stattlichen Erscheinung und des dicken Stammes empfiehlt sich allein die streng aufrechte Einzelstellung.

Pflege und Beschneiden
Die Pflanze sollte vor allzu heißer Sonne und starkem Frost geschützt werden und muß in der Wachstumszeit mehrmals gedüngt werden.
Frische Triebe sollten Sie regelmäßig mit den Fingerspitzen kürzen, wenn sie 1–2 cm Länge erreicht haben. Äste und Zweige dürfen Sie im Frühjahr vor dem Austrieb zurückschneiden.

Umtopfen
Alle 2–4 Jahre im zeitigen Frühjahr in 50% Lehm, 30% Sand und 20% Lauberde.

Ein besonderer Tip: Sie können in der Natur ausgegrabene oder aus der Baumschule geholte Tannen, die für einen normalen Bonsai bereits zu hoch sind, einfach oben abschneiden und dort zu einem »jin« zuspitzen; die Rolle des Baumwipfels muß dann von einem der oberen Äste übernommen werden.

Pflegeanleitungen

Juniperus chinensis
Chinawacholder

Juniperus rigida
Igelwacholder

Der Chinesische Wacholder hat eine lange Geschichte in der Bonsaizucht. Seine herausstechenden Merkmale sind zum einen die winzigen schuppenförmig wachsenden Blätter und zum anderen das Aussehen seines Stammes, wenn sich im fortgeschrittenen Alter ein Großteil der Rinde ablöst und nur ein allmählich ausbleichender und toter Stamm zurückbleibt. Unter den zahlreichen Varietäten des Chinawacholders ist nur *Juniperus chinensis* var. *sargentii* für Bonsai geeignet.
Der Igelwacholder kommt als Bonsai selten vor und hat seinen Namen von den kurzen, dünnen Nadeln mit einem hellen Streifen.

Vermehrung und Anzucht
Die schönsten Exemplare sind in Japan ausgegraben und dann als Bonsai weiterkultiviert worden, als die Pflanzen bereits mehrere hundert Jahre alt waren. Meistens muß man sich aber mit Stecklingen helfen; das Abmoosen ist nur beim Igelwacholder möglich.

Stilrichtungen
Der Chinawacholder läßt sich in jede erdenkliche Form bringen; Felsenpflanzungen, locker aufrechte, stark gewundene Stämme und Kaskadenformen sind aber am beliebtesten.
Igelwacholder eignen sich wegen ihres kräftigen Stammes besonders für aufrechte Formen. Drähte kön-

Chinesischer Wacholder *(Juniperus chinensis)*, ca. 20 Jahre alt. Keramikschale 36 × 25 cm. Gesamthöhe 45 cm.

für die wichtigsten Bonsai-Pflanzen

nen im Februar und März angebracht werden.

Pflege und Beschneiden
Beide Arten brauchen einen sehr
hellen und luftigen Standort.
Das Kürzen der Triebe muß regelmäßig das ganze Jahr über geschehen, vor allem beim Chinawacholder. Der Gebrauch von Scheren ist
wegen des schuppigen Aufbaus der
Blätter überhaupt nicht zu empfehlen, die Fingerspitzen tun dabei
einen besseren Dienst.
Wacholder haben die Eigenschaft,
unvorhergesehen an bereits verholzten Stellen wieder auszutreiben.
Diese Triebe müssen sofort entfernt
werden, weil das sonst später große
Narben hinterläßt.

Manchmal treiben Chinawacholder auch plötzlich Blätter, die denen des Igelwacholders ähneln. Das ist dann das Zeichen dafür, daß die Pflanze geschwächt ist und einmal umgetopft oder gedüngt werden muß.

Umtopfen

Es geschieht am besten kurz vor dem Austrieb im März oder April. Der Chinawacholder wächst gut in einer Mischung aus 30% Sand und 70% Lehm, während beim Igelwacholder das Verhältnis umgekehrt sein sollte. Beide Arten müssen nach dem Umtopfen besonders häufig besprüht werden.

Achtung!

Die Düngung darf nur in sehr schwacher und dann möglichst nur in flüssiger Form erfolgen, weil sonst das Wachstum der Zweige kaum noch zu kontrollieren ist. Wenige Male im Frühjahr und im Herbst genügen.

Chamaecyparis obtusa
Hinoki-Scheinzypresse

Die japanischen Zwerg-Scheinzypressen, die auch in unseren Gärten gern gesehene Gehölze sind, wachsen sehr langsam. Sie besitzen ein feines und dichtes Laubwerk in verschiedenen Grüntönen bis hin zu einem leuchtenden Gelb (daher auch der Name Sonnenzypresse).

Vermehrung und Anzucht

Samen oder Stecklinge. Interessante Baumschulpflanzen!

Stilrichtungen

Hauptsächlich Felsenpflanzungen, Einzelstellungen in Besenform. Drahten im Frühjahr.

Pflege und Beschneiden

Reichlich gießen, im Sommer keine heiße Mittagssonne. Die Düngung soll ähnlich wie beim Wacholder möglichst in flüssiger Form geschehen.
Das Kürzen der Triebe sollten Sie mit den Fingernägeln einige Male im Frühjahr und Herbst vornehmen; Äste und Zweige regelmäßig in jedem Frühling ausdünnen!

Umtopfen

Alle 2 Jahre im zeitigen Frühjahr in 50% Lehm, 30% Sand und 20% Lauberde.

Igelwacholder *(Juniperus rigida)*, ca. 50 Jahre alt. Ovale Keramikschale 40 × 30 cm. Gesamthöhe 73 cm.

Pflegeanleitungen

Thuja orientalis
Lebensbaum

Der morgenländische Lebensbaum ähnelt in der Form seiner kleinen und schuppenförmig wachsenden Blätter der Scheinzypresse. Er ist ebenfalls zwergwüchsig.

Vermehrung
Durch Samen und Stecklinge.

Stilrichtungen
Der Baum wirkt sehr majestätisch und gleichzeitig überaus elegant. Einzelstellungen mit streng aufrechten oder leicht gewundenen Stämmen. Wie beim Chinawacholder liegen im Alter oft große Teile des Holzes frei und bleichen aus. Legen Sie bereits im zeitigen Frühjahr die Wuchsform mit Draht fest.

Pflege und Beschneiden
Die Pflanze ist sehr widerstandsfähig gegen Trockenheit, Hitze und Kälte, empfindlich dagegen für langanhaltende Staunässe im Wurzelbereich. Also immer nur mäßig gießen und vor langanhaltendem Regen schützen. Düngen im Frühjahr und im Herbst. Das Kürzen der Triebe soll etwa dreimal jährlich mit den Fingernägeln geschehen, das Beschneiden der Äste im Herbst.

Umtopfen
Alle 2–4 Jahre im Frühjahr in eine Erdmischung aus 70% Lehm und 30% Sand.

Laubbäume

Acer palmatum
Fächerahorn

Acer buergerianum
Dreispitzahorn

Der Fächerahorn ist in Japan fast genauso beliebt wie Kiefern oder Aprikosen in Bonsai-Kultur. Besonders die Sorte ‚Atropurpureum' ist von einer unbeschreiblichen Schönheit. Die Rinde der Pflanze ist wegen ihrer Feinheit und angenehmen Farbe eine Attraktion für sich.
Der Dreispitzahorn ähnelt dem Fächerahorn in vielen Details, hat aber, wie der Name sagt, nicht fächerförmige, sondern kürzere Blätter mit drei Auslappungen.
Beide Pflanzen sind sehr robust und können, wenn es darauf ankommt, großer Kälte und Trockenheit trotzen.

Vermehrung und Anzucht
Die Möglichkeiten reichen von Samen über Stecklinge und Veredelungen bis zu Ablegern oder dem Abmoosen. Interessante, aber teure Baumschulpflanzen!

Fächerahorn *(Acer palmatum),* ca. 25 Jahre alt. Die Sorte ‚Atropurpureum' zeigt eine rote Blattfarbe beim Austrieb im Frühjahr. Ovales, glasiertes Keramikgefäß 35 × 25 cm. Gesamthöhe 72 cm.

Stilrichtungen

Für sehr viele aufrechte und gewundene Formen geeignet, besonders beliebt als Felsenpflanzung.

Pflege und Beschneiden

Sonnige und luftige Plätze sind ideal, erfordern aber im Sommer bei gut durchwurzelten Bonsai mehrmals täglich ein ausgiebiges Gießen. Am besten überbrausen Sie dabei jedesmal auch die Blätter. Dünger sollte im Frühjahr bei Erscheinen der Blätter verabreicht werden. Schneiden Sie die Triebe sehr regelmäßig bis auf das erste oder zweite Blattpaar zurück. Das Beschneiden der Äste kann im zeitigen Frühjahr geschehen. Blattschnittmethode anwenden!

Umtopfen

Das Wachstum der Triebe und Wurzeln ist enorm, dennoch sollten Sie nicht zu oft umtopfen. Alle drei Jahre etwa muß dann aber doch ein Rückschnitt erfolgen.
Als Erde eignet sich eine Mischung aus 80% Lehm mit 20% Sand.

Achtung!

Die Rinde ist überaus empfindlich, also stets nur kunststoffbeschichteten oder mit Papier umwickelten Draht verwenden!

Mädchenkiefer *(Pinus pentaphylla)*,
ca. 20 Jahre alt. Keramikschale 32 × 23 cm.
Gesamthöhe 72 cm.

Pflegeanleitungen

Zelkova serrata
Japanische Ulme

Zelkova abelicea (Zelkova nire)
Kleinblättrige Jap. Ulme

Die Japanischen Ulmen besitzen eine überaus feine Rinde und die dichtverzweigtesten Kronen von allen Bonsai-Pflanzen überhaupt, sie sind deshalb gerade im Winter am attraktivsten. *Zelkova nire* hat beim Austreiben leicht rötlich getönte und später wesentlich kleinere Blätter als *Zelkova serrata*. Sie besitzt außerdem eine etwas rauhere Borke und wächst im ganzen gesehen langsamer.

Vermehrung und Anzucht
Samen- und Stecklingsvermehrung.

Stilrichtungen
Praktisch ist jede erdenkliche Form erreichbar, empfehlenswert ist wegen der Natur der Pflanze aber eine aufrechte oder Besenform. Alle Drähte müssen entweder mit Papier umwickelt oder kunststoffbeschichtet sein und frühzeitig abgenommen werden, damit sie sich nicht in die Rinde einschneiden.
Manche japanischen Bonsai-Lehrbücher empfehlen, die noch nicht verholzten Triebspitzen mit Draht abzustützen, um die Wuchskraft darin zu erhalten.

Pflege und Beschneiden
Die Zelkoven sollen zwar sonnig stehen, müssen aber reichlich gegossen und besprüht werden. Auf keinen Fall dürfen Sie die Pflanzen kalten Winden oder gar Frost aussetzen. Also im Winter in einen ungeheizten Raum hereinnehmen und weiterhin feucht halten.
Wegen des schnellen Wachstums sollten Sie den ganzen Frühling und Sommer über düngen.
Sehr wichtig ist ein ständiges Zurückschneiden bis auf das erste oder zweite Blatt eines jeden neu erscheinenden Triebes. Darüber hinaus immer auf eine geschlossene und gleichmäßig dichte Krone achten; Äste und Zweige können Sie jederzeit kürzen oder ganz entfernen. Blattschnittmethode sehr empfehlenswert!

Umtopfen
Nach den gleichen Regeln wie beim Ahorn. Der Boden soll überwiegend aus Lehm bestehen mit je etwa 10% Sand und Lauberde.

Japanische Ulme *(Zelkova serrata)*, ca. 50 Jahre alt. Ovales, glasiertes Keramiktablett 43 × 29 cm. Gesamthöhe 55 cm.

Pflegeanleitungen

Carpinus japonica
Japanische Hainbuche

Fagus crenata
Kerbbuche

Buchen, als Bonsai gezogen, haben in Japan einige Bedeutung und könnten diese eines Tages auch bei uns bekommen, da in den hiesigen Wäldern große Zahlen bonsai-geeigneter Pflanzen auf ihre Entdeckung warten. Die Rinde ist von bezaubernder Schönheit, ein weiteres hochbewertetes Merkmal ist die Eigenheit der Hainbuche, im Winter ihre trockenen, rotbraunen Blätter bis zum Erscheinen der frischen Knospen zu behalten.

Vermehrung und Anzucht
Samenvermehrung oder Abmoosen sind traditionell angewendete Methoden. Interessante Baumschulpflanze!

Stilrichtungen
Vor allem Gruppenstellungen, Felsenpflanzungen oder auch aufrechte Einzelstellungen.
Der zur Formgebung verwendete Draht kann mit Papier umwickelt werden, darf aber höchstens ein halbes Jahr an den Zweigen bleiben, die schnell dicker werden. Beginnen Sie mit dem Drahten im März.

Pflege und Beschneiden
Reichlich gießen; im Sommer nicht zu lange der heißen Sonne ausset-zen. Zum Schutz der feinen Verästelungen unbedingt Frostschutz gewähren.
In der Wachstumszeit zwischen Mai und September durchgehend düngen.
Das Beschneiden der Triebe darf nicht mehr als zwei- bis dreimal jährlich geschehen. Die Blattschnittmethode nur alle 2 Jahre anwenden; Äste und Zweige beim Umtopfen kürzen.

Umtopfen
Wegen des starken Wurzelwachstums durchaus in jedem Frühjahr; Sie sollten dabei die dicke Pfahlwurzel unterhalb des Baumes diagonal und sauber abschneiden. Erdzusammensetzung: je 50% Lehm und Sand.

Achtung!
Obige Pflegeanleitung ist auch auf Eichen anzuwenden.

Hainbuche *(Carpinus laxiflora)*, ca. 35 Jahre alt. Ovales, glasiertes Tablett 65 × 40 cm. Gesamthöhe 100 cm.

Pflegeanleitungen

Betula tauschii
Birke

Die Birke ist einer der Bäume, die auch in unserem Kulturkreis eine große Rolle spielen. Ihre kleinen Blätter, die attraktiven Kätzchen und nicht zuletzt die schöne Rindenstruktur machen sie zu einem interessanten Bonsai-Gehölz.

Vermehrung und Anzucht
Durch Samen.

Stilrichtungen
Lehnende, locker aufrechte oder Besenformen. Sehr gut geeignet auch für Waldformen, in denen sogar Jungpflanzen recht gut zur Geltung kommen.

Pflege und Beschneiden
Immer auf eine ausreichende Wasserversorgung achten; an warmen Tagen zusätzlich die Blätter befeuchten und vor allzu heißer Nachmittagssonne schützen. Vom Monat Mai bis in den Sommer hinein düngen, eventuell auch flüssig. Regelmäßig bis auf das erste oder zweite Blatt zurückschneiden, vom Spätsommer an seltener, eventuell dann noch einmal im Winter.

Umtopfen
Alle 1–2 Jahre im April in eine Mischung aus 80% Lehm und 20% Sand.

Salix babylonica
Trauerweide

Weiden sind als Bonsai nicht ganz so häufig, bieten aber wegen ihres außergewöhnlichen Wuchscharakters und der Blütenkätzchen einen besonderen Reiz.

Vermehrung und Anzucht
Im wesentlichen durch Stecklinge.

Stilrichtungen
Locker aufrechte, lehnende oder Halbkaskadenformen.

Pflege und Beschneiden

Die Weide zeigt von allen Bonsai-Gehölzen das schnellste Wachstum und hat deshalb einen immensen Wasserbedarf. Sie sollte deshalb nicht zu lange der Sonne ausgesetzt und immer sehr ausgiebig gegossen werden.
Gedüngt wird den ganzen Sommer über bis in den September hinein mit reichlich festem oder allmonatlich mit flüssigem und sehr nährstoffreichem Dünger.
Das Beschneiden kann sehr radikal bei jedem Umtopfen geschehen.

Umtopfen
Auch das Wurzelwachstum ist bei der Weide unglaublich stark, so daß eventuell sogar zweimal jährlich ein Rückschnitt erfolgen muß, und zwar im zeitigen Frühjahr und noch einmal im Hochsommer. Erdmischung aus 80% Lehm und 20% Sand.

Morus alba
Maulbeerbaum

Der Maulbeerbaum hat im Osten eine große Bedeutung als Futterpflanze der Seidenraupe. Auch im südlichen Europa wird er häufig angepflanzt, während er bei uns nicht vollkommen winterhart ist.

Vermehrung und Anzucht
Durch Aussaat.

Stilrichtungen
Streng aufrecht oder ein wenig gewunden, auch lehnende oder Halbkaskadenformen sind üblich.
Das Drahten kann zur Zeit des Umpflanzens geschehen. Die Rinde ist empfindlich; deshalb kunststoffbeschichteten oder mit Papier umwickelten Draht verwenden.

Pflege und Beschneiden
Reichlich gießen, keinesfalls austrocknen lassen. Zusätzlich besprühen und vor starker Sonneneinstrahlung schützen, wenn die Gefahr der Ballentrockenheit besteht. Vom zeitigen Frühjahr bis in den Sommer hinein düngen. Äste können im März/April zurückgeschnitten werden, frische Triebe sollten Sie regelmäßig kürzen, bevor diese mehr als 1 cm Länge erreichen.

Umtopfen
Alle 1–2 Jahre im Frühjahr. Erdmischung aus 70% Lehm und 30% Sand/Lauberde.

Rhus succedanae
Sumach

Die Sumach-Gehölze sind in unseren Breiten weniger bekannt, einmal weil sie oft nicht winterhart sind, zum anderen, weil sie ein sehr starkes Gift entwickeln und deshalb nicht angepflanzt werden. Seit alters her wird der milchige Saft der Pflanze zur Herstellung von Lack (Japan-Lack) benutzt.

Stilrichtungen
Streng oder locker aufrechte Einzelstellungen, aber auch Halbkaskaden. Draht mit Papier umwickeln und im März anbringen, neue Äste im Sommer drahten.

Pflege und Beschneiden
Vor allem im Sommer reichlich gießen, Ballentrockenheit vermeiden. Regelmäßig auf das zweite oder dritte Blatt zurückschneiden, wenn sich die Triebe einige Zentimeter weit entwickelt haben. Im Frühjahr einige Male flüssig oder ausgiebig mit festem Dünger behandeln. Düngekugeln spätestens im Herbst wieder entfernen.

Umtopfen
Je nach dem Alter der Pflanze alle 1–2 Jahre im zeitigen Frühjahr. Erdmischung aus 70% Lehm und 30% Sand/Lauberde.

Pflegeanleitungen

Ginkgo biloba
Ginkgobaum

Der Ginkgo ist einer der seltsamsten und sagenumwobensten Bäume überhaupt. Botanisch wird er oft zwischen Laubbäumen und Koniferen eingeordnet. Seine Blätter sind nahezu herzförmig, dabei fächerartig geädert und vor allem im Winter wegen ihrer leuchtend gelben Farbe ein besonderer Schmuck.

Vermehrung und Anzucht:
Samen- und Stecklingsvermehrung sowie Abmoosen. Sie können aber auch eine größere Baumschulpflanze einfach kappen und wieder austreiben lassen.

Stilrichtungen
Meist streng aufrechte Formen.

Pflege und Beschneiden
Ein Schutz vor zu heißer Sonne ist anzuraten. Reichlich gießen und düngen! Vom Frühjahr bis zum Sommer mehrmals überflüssige Triebe ganz wegnehmen und andere kürzen. Äste sollten regelmäßig jedes Frühjahr ausgedünnt und dem Gesamteindruck angepaßt werden, damit der Baum nicht zu sehr verwächst.

Umtopfen
Einmal jährlich im zeitigen Frühjahr, wenn die neuen Knospen erscheinen. 80% Lehm und 20% Sand.

Feuerdorn *(Pyracantha angustifolia)*, ca. 10 Jahre alt. Keramikgefäß 32 × 27 cm. Gesamthöhe 40 cm.

für die wichtigsten Bonsai-Pflanzen

Blühende und früchtetragende Gehölze

Die folgenden Gehölze werden in eine gesonderte Rubrik aufgenommen, weil sie in erster Linie wegen ihrer Blüten und/oder Früchte geschätzt und als Bonsai kultiviert werden.

Viele früchtetragende Bonsai müssen nach der Blüte teilweise von den entstehenden Früchten befreit werden, da diese bei ihrer Entwicklung dem Baum eine Menge Kraft rauben würden. Manche Arten bringen auch solche Riesenfrüchte hervor, daß diese das Gesamtbild zerstören.

Pflegeanleitungen

Cotoneaster horizontalis
Felsenmispel

Der *Cotoneaster* ist ein immergrü-
nes, zwergwüchsiges Gehölz, das
auch in unseren Gärten gerne angepflanzt wird.

Vermehrung und Anzucht
Normalerweise sind Samen- oder
Stecklingsvermehrung üblich; durch
Abmoosen oder die Verwendung
von gekappten Baumschulpflanzen
können Sie schneller zum Ziel kommen.

Stilrichtungen
Locker aufrechte oder Felsenfor-
men.

Pflege und Beschneiden
Zur Ausbildung der Früchte muß die
Pflanze vom Frühjahr bis zum
Herbst regelmäßig gedüngt werden.
Sie braucht viel frische Luft und
reichlich Wasser, sollte aber in
einem unglasierten Topf gehalten
und vor Staunässe geschützt werden.

Umtopfen
Wegen des schnellen Wachstums
der Wurzeln einmal jedes Jahr
ebenfalls im zeitigen Frühjahr in
70% Lehm und 30% Sand.

Ilex serrata
Pflaumenblättrige Stechpalme

Ilex ist als Bonsai überaus beliebt
wegen der zahlreichen korallenro-
ten Früchte und der Schönheit des
Stammes mit seiner feinen Rinde.
Auch im Winter behält dieser Bonsai seine Früchte und hat dann
einen besonderen Reiz.

Vermehrung und Anzucht
Üblich ist die Samenvermehrung.
Sie können natürlich auch versuchen, eine Baumschulpflanze zu
kultivieren.

Stilrichtungen
Locker aufrechte, windgepeitschte
und Kaskadenformen.

Pflege und Beschneiden
Auf keinen Fall das Gießen vernach-
lässigen, da die Pflanze sonst vielleicht keine Früchte tragen wird.
Eine Reihe von Ilex-Sorten sind
nicht winterhart und müssen deshalb von Oktober an in ungeheizten
Schutzräumen stehen. Düngen Sie
vom Frühjahr bis in den Sommer.
Alle Triebe sollten sofort immer so
beschnitten werden, daß ein kom-
pakter Gesamtumriß im Auge gehalten wird. Überflüssige Äste dürfen
Sie während der Zeit des Umtopfens entfernen. Drahten Sie die frischen Triebe noch im gleichen
Sommer, seien Sie dabei aber sehr
vorsichtig, denn die Äste sind überaus zerbrechlich.

für die wichtigsten Bonsai-Pflanzen

Umtopfen
Im zeitigen Frühjahr vor dem Austrieb. Der Boden sollte fast vollständig lehmig sein.

Achtung!
Die Früchtebildung belastet den Baum sehr, und es ist möglich, daß ein so geschwächter Bonsai im nächsten Jahr kaum Früchte trägt. Es hat sich bewährt, nach etwa einem Monat die Beeren vom Baum abzunehmen, um eine zusätzliche Belastung zu verhindern.

Wisteria floribunda
Blauregen, Glyzine

Glyzinen sind im Grunde kletternde und rankende Pflanzen, sind aber für Bonsai auch geeignet, wenn die Ranken kurz gehalten werden. Der besondere Reiz, den die Pflanze bietet, liegt in den traubenförmigen Blütenständen in Weiß oder Rot- und Violettönen.

Vermehrung und Anzucht
Veredelungen

Stilrichtungen
Locker aufrechte und ganz besonders Kaskadenformen sind bei diesem rankenden Gehölz am erfolgversprechendsten. Das Drahten soll im Frühjahr bei Erscheinen der Knospen geschehen.

Pflege und Beschneiden
Nachdem die Pflanze im Frühjahr verblüht ist, reichlich bis in den Juli düngen. Zu diesem Zeitpunkt einige Male im Abstand von mehreren Tagen die Pflanze so lange leicht antrocknen lassen, bis die Spitzen der Blätter zu welken scheinen, dann aber sofort wieder reichlich gießen. Durch die Anwendung dieser Maßnahme wird das Wachstum der langen Blattstengel gestoppt und die Knospen werden zu Blütenknospen. Ansonsten stets gleichmäßig feucht halten. Blattstände erst dann beschneiden, wenn sie schon etwas härter geworden sind. Äste können gleich nach dem Verblühen abgenommen oder zurückgeschnitten werden.
Nach dem Blühen entwickeln sich zahlreiche kleine Früchte. Nehmen Sie rechtzeitig einen Großteil davon ab, damit die Fruchtbildung den Bonsai nicht zu sehr schwächt.

Umtopfen
Jedes Jahr gleich nach der Blüte. Die Bodenzusammensetzung sollte etwa bei 80% Lehm und 20% Lauberde liegen.

Prunus mume
Japanische Aprikose

Aprikosen-Bonsai sind in Europa noch überaus selten zu finden, während sie in Japan zu den beliebtesten Bonsai überhaupt zählen.

Vermehrung und Anzucht
Stecklinge und Veredelung.

Stilrichtungen
Mehr oder weniger stark gewundene, locker aufrechte Formen. Das Drahten kann, wenn es überhaupt nötig sein sollte, im Sommer geschehen. Unbedingt kunststoffbeschichtete oder mit Papier umwickkelte Drähte verwenden, da die Rinde überaus empfindlich ist.

Pflege und Beschneiden
Die Pflanzen brauchen reichlich Wasser und Dünger in ihrer Wachstumszeit.
Überflüssige neue Triebe sollten Sie sofort entfernen und von den anderen höchstens die Spitzen abnehmen, wenn sie zu lang werden. Das Beschneiden darf nicht zu umfangreich geschehen, weil sonst der Baum nicht richtig blühen kann.
Nach dem Verblühen nehmen Sie die verwelkten Knospen ab, um eine Fruchtbildung von vornherein zu verhindern!

Umtopfen
Einmal jährlich nach dem Verblühen in 60% Lehm, 20% Sand und 20% Lauberde.

Rotblühender Pfirsichbaum, ca. 5–7 Jahre alt.
Glasiertes Keramikgefäß 14 cm. Gesamthöhe 40 cm.

Pflegeanleitungen

Chaenomeles lagenaria
Flaschenquitte

Dieses von Natur aus eher busch-
artig wachsende Gehölz wird seiner
harten Natur und der schönen Blüten wegen sehr gern als Bonsai kultiviert. Einige Arten entwickeln außerdem noch interessante Früchte.

Vermehrung und Anzucht
Stecklinge und Pfropfungen sind
üblich, mit etwas Geschick lassen
sich aber auch Pflanzen einfach
teilen.

Stilrichtungen
Entsprechend der Natur der Quitte
niedrige Einzelpflanzen mit gewundenen, knorrigen Stämmen. Wegen
des überaus lebhaften Wachstums
der Triebe läßt sich die Form des
Baumes oft ganz allein durch ein
gezieltes Beschneiden beeinflussen, ohne daß Draht verwendet werden muß.

Pflege und Beschneiden
Reichlich gießen und vor dem Öffnen der Blütenknospen häufig sprühen. Im Sommer heiße Nachmittagssonne vermeiden. Während der
Wachstumszeit vom Frühjahr bis
zum Herbst düngen.
Junge Triebe das erste Mal kürzen
oder ganz entfernen, nachdem sie
gerade erschienen sind. Die nach-
folgenden zunächst wachsen lassen
und dann im Herbst wiederum beschneiden.

Umtopfen
Im zeitigen Frühjahr oder im Herbst,
und zwar in 75% Lehm und
25% Sand.

In der gleichen Weise ist auch die
Chinesische Scheinquitte *(Chaeno-
meles sinensis)* zu behandeln, mit
der Ausnahme, daß man hier ruhig
mehrmals zurückschneiden darf
und die Früchte bis zur vollständigen Reife am Baum beläßt.

Jasminum nudiflorum
Nacktblütiger Glockenjasmin

Der Jasmin ist wegen seiner ebenfalls bereits im Winter erscheinenden Blüten mit ihrem wunderbaren Duft in Japan einer der beliebtesten blühenden Bonsai. Im hohen Alter wird seine Rinde wunderbar knorrig und der Baum gewinnt an Würde dazu. In unseren Fachgeschäften ist er leider so gut wie nie zu finden.

Stilrichtungen
Einzelstellungen, locker oder streng aufrecht; Drähte nach dem Beschneiden anbringen und unbedingt mit Papier umwickeln. Alte Äste sind überaus zerbrechlich!

Pflege und Beschneiden
Siehe bei Flaschenquitte.

Umtopfen
Entweder vor der Blüte im zeitigen Frühjahr, oder im Herbst, nach dem Blattfall. Zwei Teile Lehm und ein Teil grober Sand als Erdsubstrat.

Ähnlich zu behandeln sind auch:

- *Prunus donarium*
  Japanische Wildkirsche
- *Malus spontanea*
  Wildapfel
- *Punica granatum*
  Granatapfelbaum
- *Pyrus serotina*
  Japanischer Birnbaum
- *Pyracantha angustifolia*
  Feuerdorn

Allen diesen Gehölzen ist ein gewisser Winterschutz zu gewähren, da bei Frost dünnere Zweige oder die ganze Pflanze vertrocknen könnten.

Miniaturen

Eine eigene Rolle spielen in Japan noch Miniatur-Bonsai. Während die normale Bonsai-Größe durchschnittlich 20–80cm beträgt, erreichen Miniaturbonsai nur etwa 5 bis 15 cm Höhe. Diese echten Zwerge unter den kleinen Bäumen sind recht selten in Sammlungen zu finden. Im Laufe weniger Jahre entwikkelt sich zwar ein relativ dicker Stamm und eventuell noch die eine oder andere Verzweigung, es bleibt aber kaum Platz für umfassendere formbestimmende Maßnahmen. Die verwendeten Töpfe sind zwischen 2 cm und höchstens 10 cm groß, die Zahl der geeigneten Pflanzen ist wegen der hier äußerst wichtigen Blattgröße verständlicherweise minimal.

Es gehört unglaublich viel Geschick dazu, die Pflanze am Leben zu halten und darüber hinaus noch in eine ansprechende Form zu bringen, ganz besonders natürlich bei den Allerkleinsten unter den Miniaturen. Der winzige Topf ist nach kürzester Zeit vollkommen mit Wurzeln angefüllt, so daß das Erdsubstrat seine Rolle als Wasserspeicher nahezu ganz verliert, ganz einfach weil die gesamte Feuchtigkeit von dem Wurzelknäuel sofort aufgesogen wird. An warmen Tagen sollen Miniaturen unbedingt vor der heißen Sonne geschützt aufgestellt werden, um die Gefahr des Austrocknens und Welkens zu verhindern. Häufiges Besprühen und die Wahl eines eher lehmigen Bodens können eine ausreichende Wasserversorgung positiv beeinflussen.

Um die Gesamtwirkung maßstabsgetreu erscheinen zu lassen, ist die Anwendung der Blattschnittmethode unbedingt und immer empfehlenswert.

Das Umpflanzen – mit einem vorsichtigen Wurzelschnitt – kann und muß sogar jedes Jahr geschehen.

Miniaturenregal. Links oben: Chinesischer Wacholder, Höhe 14 cm. Links unten: Sicheltanne *(Cryptomeria)*, 20 cm. Rechts oben: Japan-Aprikose, 21 cm. Rechts Mitte: Fächerahorn, 19 cm. Rechts unten: Dreispitzahorn auf Stein, 19 cm.

Sonderformen

Riesen-Bonsai

Neben den Zwergen unter den Bonsai finden sich aber auch ausgesprochene Riesen. In diesem Fall erreichen die in Töpfen gezogenen Gehölze durchaus 1–2 m Höhe. Ursprünglich waren ja, wie bereits erwähnt, in China einst interessante Bäume in Gebirgen ausgegraben und dann in Töpfen weiterkultiviert worden. In diesem ursprünglichen Sinn werden auch heute noch relativ große Bonsai in entsprechenden Schalen nach den Regeln der Bonsai-Kunst behandelt. Sie eignen sich hervorragend als ausdrucksvolle Solitärpflanzen, das heißt für spezielle Einzelstellungen, wie beispielsweise in kleinen Innenhöfen oder vor schlichten Hauswänden. Zögern Sie also nicht, eventuell zu groß gewordene Bonsai in allmählich größer werdenden Schalen zu solchen Riesen-Bonsai heranzuziehen. Ideal für diesen Zweck müssen naturgewachsene Pflanzen erscheinen, die vielleicht noch eher in unseren Landschaften zu finden sein dürften, als die Extremfälle in »normaler« Bonsai-Größe.

Garten-Bonsai

Wer glaubt, daß jetzt die Reihe der Möglichkeiten, eine Pflanze im Sinne von Bonsai zu kultivieren, zu Ende sei, wird sich eines Besseren belehren lassen müssen.
In kleinen Vorgärten wie auch in den zauberhaften japanischen Gärten, die – nach traditionellen Mustern in großen Parkanlagen angelegt – Märchenlandschaften mit den Eigenheiten verschiedener geographischer Gebiete und ihren typischen Vegetationsformen darstellen, werden auch größere Gehölze und Bäume mit den formenden Maßnahmen des Beschneidens und Drahtens, sowie mit Hilfe von angebundenen Stäben und Stangen in eine idealisierte Form gebracht. Das mag für manchen Europäer überspannt und möglicherweise sogar kitschig wirken, wird aber doch letztendlich jeden Besucher eines solchen Gartens gefangennehmen und begeistern. Künstliche Seen und Hügel sind umrahmt von einer Flora aus blühenden Azaleen und knorrigen Baumriesen; Gebirgslandschaften wechseln sich ab mit Sumpfgebieten. Das Geheimnis liegt aber, wie es eine Grundregel der Bonsaikunst fordert, in einer schlichten und einfachen Eleganz, bei aller Perfektion der Form eben in einer scheinbar »natürlichen« Unvollkommenheit. Warum sollen nicht auch wir, die wir über die Sache Bonsai an ein gänzlich neues Formenverständnis her-

angeführt werden, den Drang verspüren, bei einer Gartenplanung einmal ganz anders vorzugehen? Die Verwendung von Kieselsteinen verschiedener Stärken und Farbschattierungen, das gezielte Einsetzen von schönen und ungewöhnlichen Baumschulpflanzen und schließlich die jahrelange Behandlung mit Hilfe des Beschneidens wäre auch für europäische Verhältnisse nicht so ungewöhnlich, wenn man einmal bedenkt, daß – wenn auch im Sinne eines ganz anderen Ideals – schon vor Jahrhunderten in den Gärten der Schlösser unserer gekrönten Häupter ganz ähnliche Dinge geschahen. In den ohnehin meist winzigen Gärten deutscher Großstadtgebiete könnte für viele Menschen ein wenige Quadratmeter großer und nach japanischem Vorbild angelegter Garten eine Oase der Ruhe werden. Wer einmal nur eine Fläche wellenförmig geharkten Kieses um einen einzelnen größeren Felsen herum arrangiert, wird bei der Betrachtung dieses symbolischen Ozeanbildes bald in einen Zustand meditativer Ruhe versetzt.

Sie können für die sogenannten Garten-Bonsai einmal bereits vorhandene Gehölze verwenden, die auf Grund ihrer Form und Größe geeignet erscheinen, oder aber ganz gezielt die vorhandene Fläche strukturieren und neugekaufte Pflanzen einsetzen. Fangen Sie aber nicht mit zu kleinen oder auch schon ausgewachsenen Bäumen an, sondern berücksichtigen Sie einerseits das normale Wuchstempo und andererseits die Absicht, in etwa 2–3 Jahren mit Hilfe des Trimmens die Grundform herauszuarbeiten. Im ganzen gesehen geschieht die Formgebung wie bei kleinen Bonsai auch, lediglich das Eintopfen beziehungsweise Umpflanzen entfällt natürlich. Ziehen Sie bei Koniferen beispielsweise die unteren Äste mit Hilfe von Fäden oder Drähten herab und dünnen Sie gleichzeitig mit Hilfe einer Säge das Astwerk aus, um den Eindruck eines sehr viel älteren und höheren Baumes zu erzielen.

Sonderformen

Bambus- und Blumen-Bonsai

In diesem Kapitel soll kurz noch ein anderes Anwendungsgebiet bonsai-ähnlichen Arrangierens bei sonst eigentlich nicht bonsai-geeigneten Pflanzen aufgezeigt werden.

Bambus ist in Japan eine durchaus nicht unbedeutende Zierpflanze in den Gartenanlagen. Es ist in diesem Sinne nur verständlich, daß früher oder später auch sie in die Bonsai-Kultur aufgenommen werden mußte. Sie ist hier aber gesondert aufgeführt, da es sich ja nicht um einen echten Baum handelt, obwohl die Bedingung, daß ein verholzender Stamm vorhanden sein muß, auch vom Bambus erfüllt wird.
In kleinen Gruppen oder gar Wäldchen zusammenstehend, erwecken die zarten Rohre des Zwergbambus den Eindruck eines natürlich zusammenstehenden Haines an einem Seeufer, so daß Arrangements mit Steinen in einer großen und flachen Schale durchaus auch kleine Wasserflächen beinhalten dürfen.
Bambus ist problemlos in seiner Pflege und weiterer Behandlung. Er braucht reichlich Wassergaben, fast das ganze Jahr über Dünger und kann im Frühjahr einfach radikal über dem Boden abgeschnitten werden, wenn er im Laufe des letzten Jahres zu groß geworden ist. Ansonsten sollte häufiger das zentral und zuoberst gelegene Blatt der Triebspitzen herausgezupft werden, um das Wachstum zu drosseln. Einzelne trockene Rohre oder auch Blättchen bereichern und beleben den Gesamteindruck und sollten erst später entfernt werden. Zwergbambus ist in mehreren Sorten in guten Baumschulen zu erhalten und kann später zum Zweck der Vermehrung auch einfach geteilt werden.

Blumen-Bonsai sind eine weitere, überaus beliebte Spielart der japanischen Kunst, Pflanzen zu arrangieren. Anstelle der verholzenden Bäume und Sträucher stehen, wie der Name schon sagt, blühende Pflanzen, Gräser, Farne und Moose. Diese werden entweder nach Arten getrennt – in ihrer charakteristischen Erscheinungsform – oder aber zu mehreren zusammengestellt arrangiert.
Unter Zuhilfenahme eines interessanten Steines oder einer vertrockneten Baumwurzel lassen sich sehr einfach und eindrucksvoll die Qualitäten und die Schönheit einer Blume zu den verschiedenen Jahreszeiten in einem Ausschnitt ihrer natürlichen Umgebung darstellen. Die Bedingung ist natürlich eine passende Größe und Wuchsform, um mit der Schale gemeinsam ein harmonisches Gesamtbild zu erreichen. Ich möchte absichtlich hier nicht eine Aufzählung geeigneter Pflanzen bringen, um Sie in ihrem Ideenreichtum hinsichtlich der un-

Sonderformen

terschiedlichsten Möglichkeiten nicht einzuschränken.

Wer, von Bonsai in seinem ursprünglichen Sinne ausgehend, schließlich auch Gefallen speziell am Arrangieren der Blumen-Bonsai gefunden hat, wird früher oder später wohl ganz zwangsläufig auf ein anderes, sehr sinnverwandtes Fachgebiet stoßen, auf das Ikebana.

Bambus-Bonsai.

Sonderformen

Saikei

An dieser Stelle soll noch etwas über eine andere, noch relativ junge Spielart der japanischen Gartenkunst erzählt werden. Saikei bedeutet soviel wie »Lebende Landschaft«. Nach den Prinzipien der Bonsai-Kultur werden hierbei ganze Landschaftsausschnitte mit Hilfe von Bäumchen, Gräsern, Moosen, Steinen und Sand nachgebildet; große, flache Schalen bilden dazu den Rahmen.

Saikei entstand nach dem II. Weltkrieg im Zuge der allgemeinen Popularisierung der Bonsai-Kunst. Insbesondere Felsenpflanzungen und Wälder wurden immer beliebter und begehrter, und auf diesen beiden Bonsai-Stilrichtungen baute das Saikei-Prinzip auf. Gleichzeitig wurden eine ganze Reihe der traditionellen Regeln aufgegriffen, viele andere aber konnten getrost unter den Tisch fallen. Ganz konkrete Unterschiede finden sich beispielsweise bei besagten Felsen- und Gruppenpflanzungen: die Bonsai-Waldform besitzt mehrere Bäume derselben Art, und da sind gar nicht einmal so viele regelgerecht zulässig, weiterhin müssen diese Pflanzen schon ein gewisses Alter erreicht haben und von der Größe her mehr oder weniger einheitlich sein. Anders im Fall von Saikei – hier können auch Jungpflanzen unterschiedlicher Art Verwendung finden. Oder Felsenpflanzungen: wirk-

lich gute, für die Zwecke von Bonsai zu verwendende Steine sind nicht so einfach zu finden, denn sie müssen in Form, Größe, Farbe und Oberflächenstruktur zu der zugehörigen Pflanze passen. Neuerdings gibt es im Fachhandel auch speziell für diesen Zweck behandelte Felsen fertig zu kaufen, die aber im Preis schon einem kleinen Bonsai nahekommen. Für Saikei sind alle möglichen Felsen geeignet, eventuelle Fehler im Stein lassen sich später einfach dadurch verstecken, daß man ihn teilweise in die Erde einläßt. Saikei bietet noch eine Reihe anderer interessanter Aspekte:

• Durch das Nichtbeachten der Formenstrenge, die bei Bonsai üblich ist, steigt die Freude am Experimentieren, die Freiheit bei der Gestaltung führt zu mehr Kreativität.

• Die für Saikei geeigneten Materialien sind überall zu finden oder für wenig Geld zu kaufen. Schalen und Tabletts sollen möglichst schlicht und einfach gestaltet sein, wer daran interessiert ist, kann sie sich vielleicht sogar selber herstellen. Neben Ton ist auch Holz ein geeigneter Werkstoff, wenn es entsprechend gegen die Feuchtigkeit vorbehandelt wird. Steine zum Bepflanzen oder auch einfach nur für die Dekoration einer Landschaft sind auf jedem Feldweg aufzusammeln. Das Pflanzenmaterial kann durchaus aus wenige Jahre alten Jungpflanzen bestehen. Wenn nach einigen Jahren die Bäumchen zu groß für den Maßstab der Landschaft geworden sind, lassen sie sich einfach wieder herausnehmen und als einzelner Bonsai weiterkultivieren.

- In diesem Sinne kann das Hobby Saikei auch eine echte Bereicherung für den Bonsai-Freund sein. Indem nämlich vielversprechende und eigentlich für die Bonsai-Zucht bestimmte Jungpflanzen mehrere Jahre in ein Saikei-Arrangement integriert werden, hat man schon viel eher Freude an ihnen, während sie als Einzelpflanze vielleicht nicht so attraktiv wären.

- Es ist natürlich einleuchtend, daß sich Erfolgserlebnisse bei der Herstellung von Saikei-Landschaften viel schneller einstellen als bei der Bonsai-Kultur. Nach dem Spaß beim Arrangieren hat man recht bald ein handfestes Ergebnis; später lassen sich dann jederzeit Änderungen vornehmen, sei es, daß man Pflanzen austauscht, einen Hügel abträgt oder einen neuen entstehen läßt.

- Zu den vielen Elementen, die bei Saikei den größeren Handlungsfreiraum ausmachen und eine spontanere Kreativität erlauben, kommt nicht zuletzt auch noch das Argument, daß man als ungeübter Laie zunächst einmal weniger Angst haben muß, einen

wertvollen Baum durch irgendeine falsche Pflegemaßnahme ruinieren zu können. Fangen Sie mit preiswerten Jungpflanzen an und erlernen Sie im Laufe der Zeit die richtige Handhabung des Pflanzenmaterials. Grundsätzlich unterscheiden sich nämlich die Techniken der Saikei- und Bonsai-Pflege nur unwesentlich.

Der kritische Aspekt liegt im Kitsch

Nachdem jahrhundertelang die Bonsai-Kultur nur einem stark eingeschränkten Bevölkerungsteil in Japan offenstand und bis heute noch für viele Japaner in ein festes und strenges Regelsystem eingefaßt ist, macht die Saikei-Idee ganz bewußt Zugeständnisse entgegen allem Konservativen und erlaubt einen größtmöglichen Freiraum. An sich sind diese Bestrebungen natürlich absolut richtig und notwendig. Eine gewisse Gefahr liegt aber in einer echten Verfälschung der ursprünglichen Bonsai-Idee. Die Industrie bietet nämlich schon allerlei überflüssiges Beiwerk für die Saikei-Arrangements an: da gibt es kleine Figuren arbeitender Bauern, niedliche Hündchen und Vögel, Häuser, Brücken und Steinlaternen – alles ganz im gleichen Maßstab der Miniaturlandschaften. Letztendlich entstehen so vollkommene Kopien, aber nicht im Sinne des vereinfachenden Bonsai-Prinzips, sondern als kitschige Märchenlandschaften.

Fachausdrücke

Japanische Fachausdrücke

Für alle die Leser, die eventuell noch tiefer in die Geheimnisse der Bonsai-Kunst vordringen wollen und deshalb andere, vielleicht auch in englischer Sprache geschriebene Fachbücher zu Hilfe nehmen wollen, folgt hier eine Aufstellung der wichtigsten japanischen Bezeichnungen für Pflanzen, Stilrichtungen und sonstige themenbezogene Dinge. Ich habe es für überflüssig gehalten, den Text dieses Buches damit zu schmücken, denn das verwirrt nur und wirkt lächerlich, wenn uns noch nicht einmal die Aussprache bekannt ist.

Pflanzenarten

kuro matsu	Schwarzkiefer, *Pinus thunbergii*
goyo matsu	Mädchenkiefer, *Pinus pentaphylla*
shimpaku	Chinesischer Wacholder, *Juniperus chinensis*
tosho	Igelwacholder, *Juniperus rigida*
sugi	Japanische Sicheltanne, *Chryptomeria japonica*
hinoki	Scheinzypresse, *Chamaecyparis obtusa*
konote kashiwa	Lebensbaum, *Thuja orientalis*
momiji	Fächerahorn, *Acer palmatum*
kaede	Dreispitzahorn, *Acer buergerianum*
keyaki	Zelkova, *Zelkova serrata*
nire	Kleinblättrige Zelkova, *Zelkova nire*
kumashide	Japanische Hainbuche, *Carpinus japonica*
buna	Kerbbuche, *Fagus crenata*
icho	Ginkgo, *Ginkgo biloba*
beni shitan	Felsenmispel, *Cotoneaster horizontalis*
umemodoki	Stechpalme, *Ilex serrata*
fuji	Blauregen, *Wisteria floribunda*
ume	Japanische Aprikose, *Prunus mume*
boke	Flaschenquitte, *Chaenomeles lagenaria*
obai	Glockenjasmin, *Jasminum nudiflorum*

Fachausdrücke

Stilrichtungen

chokkan	streng aufrechter Baum
moyogi oder bankan	locker aufrechter, gewundener Stamm
shakan	geneigter Stamm
fukinagashi	windgepeitschte Form
kengai	Kaskadenform
han kengai	halb-kaskadenförmig wachsend
sokan	Doppelstammform
yose ue	Waldform
ishitsuki	Felsenpflanzung
hokidachi	Besenform
ikadabuki	Baumgruppe, aus einem eingegrabenen Ast wachsend
kabudachi	mehrere Bäume wachsen aus einer Wurzel
netsuranari	sogenannte Floßform
bunjingi	Literatenform, sehr hoch angesetzte Äste
negari	Wurzelstammform, der Baum steht auf hohen stelzenartigen Wurzeln

Bodenarten

akatsuchi	roter Lehm
arakida tsuchi	Boden, der unter den Reisfeldern entsteht
fuyodo	Laub- und Walderde
goro tsuchi	grobkörniger Boden
kanuma tsuchi	heller Ton mit Sand
keto tsuchi	Torf
kuropoka	leichter, dunkler Lehmboden
kuro tsuchi	schwarzer Lehm
tenjingawa suna	eine Art groben Flußsandes

Fachausdrücke

Bonsai-Club Deutschland

Dieter Schüler
Konviktstraße 1
79098 Freiburg
Tel. 07 61/3 34 59

Register

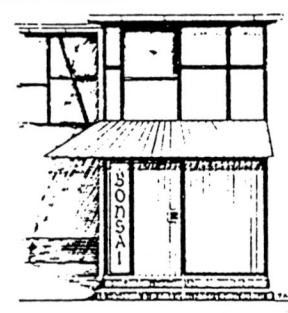

Kunstvoll gestaltete Natur

Paul Lesniewicz
Bonsai im Haus
Indoors richtig pflegen und gestalten
Geschichte, Grundlagen erfolgreicher
Pflege, Formen und Gestalten, Pflan-
zungs-Beispiele; die 50 schönsten
Indoors aus aller Welt.

Paul Lesniewicz
Bonsai für die Wohnung
Die schönsten Indoor-Bonsai-Arten:
Standort, Pflege, Pflanzenschutz,
Gestaltung, Anzucht.

Paul Lesniewicz
Bonsai
Miniaturbäume
Bonsai-Formen, Aufzucht, Gestaltung,
Kauf und Pflege; Bonsai für die
Wohnung; Tabellen zur Pflege und
Gestaltung.

Werner M. Busch
**Bonsai aus heimischen Bäumen
und Sträuchern**
Anzucht, Gestaltung, Pflege
Aus heimischen Pflanzen reizvolle Bonsai
kultivieren: 30 attraktive Beispiele;
Anzucht, Gefäße, Gestaltung; prak-
tische Handgriffe – z.B. Rückschnitt,
Drahten, Anpfropfen – Schritt für
Schritt mit vielen Arbeitsfotos.

Willi Benz/
Paul Lesniewicz
Chinesische Bonsai
Penjing
Geschichte, Gestaltung, Gesund-
erhaltung und Pflege
Gestaltungstechniken – z. B. Schneiden,
Binden, Drahten; Gestaltungsstile,
Werkzeuge, Pflegemaßnahmen,
optimale Präsentation.

---

*Im BLV Verlag
finden Sie Bücher
zu folgenden Themen:* Garten und Zimmerpflanzen • Natur • Heimtiere • Jagd • Angeln • Pferde und
Reiten • Sport und Fitneß • Tauchen • Reise • Wandern, Bergsteigen, Alpinismus •
Essen und Trinken • Gesundheit, Wohlbefinden, Medizin

Wenn Sie ausführliche Informationen wünschen, schreiben Sie bitte an:
**BLV Verlagsgesellschaft mbH • Postfach 40 03 20 • 80703 München
Telefon 089 / 12 70 5-0 • Telefax 089 / 12 70 5-543**

Bepflanzungsideen für

Kurt Henseler
**Was fehlt denn meiner
Zimmerpflanze?**
Schädlinge und Krankheiten erkennen
und behandeln
Bestimmungsschlüssel mit Farbfotos
und knapper Symptom-Beschreibung
zur sicheren Diagnose; optimale
Behandlungsmethoden – in jahrelanger
Praxis bewährt.

Herta Simon
**Das neue
BLV Zimmerpflanzenbuch**
Richtige Auswahl – richtige Pflege
Pflanzenporträts mit Daten zu
Herkunft, Pflege, Vermehrung,
Gesunderhaltung; Tabellen mit
Pflanzen-Überblick nach Standort-
und Pflegeansprüchen.

Elisabeth Manke
1 x 1 der Zimmerpflanzenpflege
Alle Bereiche der Zimmerpflanzenpflege – von Standort, Erde, Dünger,
Wasser und Licht bis zu Gefäßen,
Anzucht, Vermehrung und Pflanzenschutz; Pflanzenporträts; Arbeits-
kalender.

Christoph und Maria Köchel
**Kübelpflanzen –
Der Traum vom Süden**
Wintergärten und Terrassen gekonnt
gestaltet
Planung von Wintergärten und Terras-
sen mit Gestaltungsbeispielen für
Wintergärten; 150 ausführliche Porträt
von Kübelpflanzen; Herkunft und Pflege
ansprüche; alles zur Überwinterung.

Christoph und Maria Köchel
Die schönsten Kübelpflanzen
Auswahl, Standort, Pflege
Standortansprüche, Überwinterung,
Pflegemaßnahmen; Pflanzenporträts:
Aussehen, Herkunft, Pflege, Ver-
mehrung.

David Joyce
Bezaubernde Fenstergärten
Blumenkästen phantasievoll bepflanze
Pflanz- und Gestaltungsvorschläge für
Fensterbänke und dekorative Gefäße,
für kurzlebige und dauerhafte Bepflan-
zungen, bestimmte Farbkombinatione
oder Duftpflanzen; Pflege, Anzucht,
Düngung, Vermehrung und Über-
winterung.